宝宝喂养月月谈

主编/张清滨

编　委

张秀丽　　孙锦婷　　王赫男　　孙　琳
熊贵普　　刘晴娟　　宋兰英　　张　伟
马兴欢　　丁　通　　张　倩　　秦素敏
杨丽霞　　马会歌　　李小波　　刘欣乐

上海科学普及出版社

图书在版编目(CIP)数据

宝宝喂养月月谈/张清滨主编. —上海：上海科学普及
出版社，2006.12
ISBN 7 – 5427 – 3307 – 9

Ⅰ. 宝…　Ⅱ. 张…　Ⅲ. 婴幼儿—哺育—基本知识
Ⅳ. TS976. 31

中国版本图书馆 CIP 数据核字(2006)第 124436 号

策　划　科　普
责任编辑　林晓峰

宝宝喂养月月谈
张清滨　主编
上海科学普及出版社出版发行
(上海中山北路 832 号　邮政编码 200070)
http://www. pspsh. com

各地新华书店经销　北京金马印刷厂印刷
开本 880×1300　1/32　印张 11.75　字数 277000
2006 年 12 月第 1 版　2006 年 12 月第 1 次印刷
印数 1—8 500

ISBN 7 – 5427 – 3307 – 9/R・338　　定价：23.80 元

C O N T E N T S

目　录

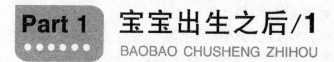

Part 1 宝宝出生之后 /1
BAOBAO CHUSHENG ZHIHOU

宝宝喂养月月谈

Part 2　宝宝 1 个月 /35
BAOBAO YIGEYUE

Part 3 宝宝 2 个月 /53

BAOBAO ERGEYUE

宝宝喂养月月谈

Part 4　宝宝3个月/65

BAOBAO SANGEYUE

Part 5　宝宝 4 个月/81
BAOBAO SIGEYUE

4 个月婴儿的发育特点 / 81

BAOBAOWEIYANG

7

宝宝 5 个月 /97
BAOBAO WUGEYUE

Part 7　宝宝 6 个月/111
BAOBAO LIUGEYUE

BAOBAOWEIYANG

Part 9　宝宝 8 个月/141
BAOBAO BAGEYUE

Part 10 宝宝 9 个月/155

BAOBAO JIUGEYUE

Part 11 宝宝 10 个月/169
BAOBAO SHIGEYUE

Part 12 宝宝 11 个月/182
●●●●●●
BAOBAO SHIYIGEYUE

Part 13　宝宝 1 岁 / 197

B A O B A O Y I S U I

Part 14 宝宝 1 岁 3 个月 /217
BAOBAO YISUI SANGEYUE

宝宝喂养月月谈

Part 16 宝宝 2 岁 /249

BAOBAO ERSUI

宝宝喂养月月谈

Part 19 宝宝 2 岁 9 个月 /303
BAOBAO ERSUI JIUGEYUE

Part 20 宝宝 3 岁 /322
BAOBAO SANSUI

宝宝喂养月月谈

Part 1
宝宝出生之后

新 生 儿 的 发 育 特 点

生长发育指标

　　孩子从出生之时起直到满 28 天为止称为新生儿。正常新生儿的胎龄大于或等于 37 周,体重在 2500 克以上。胎龄不到 37 周而出生的孩子,被称为早产儿,也称为末成熟儿。

　　若胎龄满 37 周,但体重却不到 2500 克,一般称为足月小样儿,又称低体重儿。平时说的新生儿一般是指正常足月产的孩子。

　　新生儿的各项生长发育指标是:

体重 2500 ～ 4000 克

月月谈 *YueYueTan*

身长　　47~53 厘米

头围　　33~34 厘米

胸围　　约32 厘米

坐高　　（即头顶至臀长)约33 厘米

呼吸　　每分钟40~60 次

心率　　每分钟140 次左右

新生儿头部特征

新生儿的头部形状与婴幼儿的头形会有一些区别。这主要表现在：

1. 头部严重变形

新生儿在娩出过程中,由于在产道中受压,所以新生儿出生时头部会严重变形。但这点妈妈们用不着担心,因为这种现象是很正常的,慢慢地新生儿的头形会变得正常。

新生儿头部大多呈椭圆形,头皮肿胀,有如橡胶。初产妇和高龄产妇所生的婴儿的头会扁得更厉害。这种现象一般会自愈,妈妈及家人没有必要考虑用枕头什么的来帮助新生儿矫正。

2. 颜面浮肿的现象

新生儿出生时还会有颜面浮肿的现象,特别以眼睑浮肿者为多,有一些细心的妈妈还会发现自己的宝宝有眼眵。这多是由于护士为防止新生婴儿出现淋菌或衣原体性结膜炎而使用硝酸银或抗生素点眼而引发的反应,父母不用担心。

新生儿有时还会出现少量的眼眵,一侧较多,另一侧较少或几乎没有,睫毛没有被黏在一起,白眼球也没有变红。细心的妈妈还会发现新生儿靠近眼外角的部位,睫毛粘在眼球上,这是轻微的倒睫,用消毒棉轻轻擦拭就可以了。

新生儿颜面浮肿的现象一般在一周内即可消失,新生儿也会变得越来越可爱。一周内的新生儿几乎整天都在安睡,有时也会睁开眼睛,但由于视力发育还不成熟,所以他们还看不到东西。在将近 1 个月时,新生儿的视力仍不是很好,但若是宝宝情绪好,也会露出让妈妈心醉的笑。

新生儿大便特征

新生儿一般在出生 12 个小时后开始排便。胎便呈深绿色、黑绿色或黑色黏稠糊状,这是胎儿在母体子宫内吞入羊水中的胎毛、胎脂、肠道分泌物而形成的大便。3~4 天后胎便可排尽。婴儿吃奶之后,大便逐渐转成黄色。

一般情况下,喂牛奶的婴儿大便呈淡黄色或土灰色,且多为成形便,常常有便秘现象。而母乳喂养儿多为金黄色的糊状便,次数多少不一,每天 1~4 次或 5~6 次甚至更多些。有的婴儿则与之相反,经常 2~3 天或 4~5 天才排便一次,但粪便并不干结,仍为软便或糊状便,排便时要用力屏气,脸涨得红红的,好似排便困难,这也是母乳喂养儿常有的现象,俗称"攒肚"。

新生儿一日尿量

新生儿第一天的尿量很少,为 10~30 毫升。在出生后 36 小时之内

月月谈 YueYueTan

排尿都属正常。随着哺乳摄入水分,孩子的尿量逐渐增加,每天可达 10 次以上,日总量可达 100～300 毫升,满月前后每日可达 250～450 毫升。孩子尿的次数多,这是正常现象,不要因为孩子尿多,就减少喂水量。尤其是夏季,如果喂水少,室温又高,孩子会出现脱水热。

新生儿的正常体温

新生儿的正常体温在 36～37℃之间,但新生儿的体温中枢功能尚不完善,体温不易稳定。受外界环境的影响体温变化较大。新生儿的皮下脂肪较薄,体表面积相对较大,容易散热。因此,对新生儿要注意保暖。尤其在冬季,室内温度要保持在 18～22℃,如果室温过低容易引起硬肿症。

新生儿的睡眠

新生儿期是人一生中睡眠时间最多的时期,每天要睡 16～17 个小时,约占一天的 70%。其睡眠周期约 45 分钟。睡眠周期随小儿成长会逐渐延长,成人为 90～120 分钟。睡眠周期包括浅睡和深睡,在新生儿期浅睡占 1/2,以后浅睡逐渐减少,到成年仅占总睡眠量的 1/5～1/4。深睡时新生儿很少活动,表现为:平静、眼球不转动、呼吸规则。而浅睡时有吸吮动作,面部有很多表情,有时似乎在做鬼脸,有时微笑,有时撅嘴,眼睛虽然闭合,但眼球仍在眼睑下转动。四肢有时舞蹈样动作,有时伸伸懒腰或突然活动一下。父母应知道孩子在浅睡时有很多表现,不要把这些表现当作婴儿不适,用过多的喂养或护理去打扰他们。新生儿出生后,睡眠节律未养成,夜间尽量少打扰,喂养间隔时间由 2~3 个小时逐渐延长至 4~5 个小时,使他们晚上多睡白天少睡,尽快和成人生活节律同步。同样,父母精神好了,才能更好地抚育自己的孩子。

新生儿的视觉

新生儿一出生就有视觉能力,34 周早产儿与足月儿有相同的视力。父母和宝宝相对视是表达爱的重要方式。眼睛看东西的过程能刺激大脑的发育,人类学习的知识 85% 是通过视觉而得来的。

新生儿 70% 的时间在睡觉,每 2~3 个小时会醒来一会儿,当孩子睁开眼时,你可以试着让宝宝看你的脸,因为孩子的视焦距调节能力差,最好视聚距离是 19 厘米。还可以在 20 厘米处放一红色圆形玩具,以引起孩子的注意,然后移动玩具,上、下、左、右摆动,孩子会慢慢移动头和眼睛追随玩具。健康的宝宝在睡醒时,一般都有注视和不同程度转动眼和头追随移动物的能力。

新生儿的听觉

新生儿的听觉是很敏感的。如果你用一个小塑料盒装一些黄豆,在新生儿睡醒的状态下,距小儿耳朵约 10 厘米处轻轻摇动,新生儿的头会转向小盒的方向,有的新生儿还能用眼睛寻找声源,直到看见盒子为止。如果用温柔的呼唤作为刺激,在宝宝的耳边轻轻地说一些话,那么,孩子

月月谈　YueYueTan

会转向说话的一侧,如换到另一侧呼唤,也会产生相同的结果。新生儿喜欢听母亲的声音,这声音会使孩子感到亲切,不喜欢听过响的声音和噪声。如果听到过响的声音或噪声,婴儿的头就会转到相反的方向,甚至用哭声来抗议这种干扰。

为了使孩子发展听力,你在喂奶或护理时,只要宝宝醒着,就要随时随地和他说话,用亲切的语声和宝宝交谈,还可以给宝宝播放优美的音乐、摇动能发出柔和响声的玩具,给予其听觉刺激。

新生儿的触觉

新生儿从生命的一开始就已有触觉。习惯于被包裹在子宫内的胎儿,出生后自然喜欢紧贴着身体的温暖环境。当你抱起新生儿时,他们喜欢紧贴着你的身体,依偎着你。当宝宝哭时,父母抱起他,并且轻轻地拍拍他,这一过程充分体现了满足新生儿触觉安慰的需要。新生儿对不同的温度、湿度、物体的质地和疼痛都有触觉感受能力。就是说他们有冷热和疼痛的感觉,喜欢接触质地柔软的物体。嘴唇和手是触觉最灵敏的部位。触觉是婴儿安慰自己、认识世界和与外界交流的主要方式。

新生儿的味觉和嗅觉

新生儿有良好的味觉,从出生后就能精确地辨别食品的滋味。给出生后只有1天的新生儿喝不同浓度的糖水,发现他们对比较甜的糖水吸吮力强、速度快,所以喝得多;而比较淡的糖水喝得少;对咸的、酸的或苦的液体有不愉快的表情,如喝酸橘子水时皱起眉头。

新生儿还能认识和区别不同的气味。当他开始闻到一种气味时,有心率加快、活动量改变的反应,并能转过头朝向气味发出的方向,这是新生儿对这种气味感兴趣的表现。

新生儿的运动能力

孩子一出生就已具备了相当的运动能力。当父母温柔地和宝宝说话时,他会随着声音有节律地运动。开始头转动,手上举,腿伸直。当继续谈话时,新生儿可表演一些舞蹈样的动作,还会出现伸足、举臂,同时伴有面部表情如凝视和微笑等。

新生儿与大人的交往

新生儿是用哭声和大人们交往的。哭是一种生命的呼唤,提醒你不要忽视他的存在。如果你能仔细观察新生儿的哭,就会发现其中有很多学问。首先是哭声,正常新生儿有响亮婉转的哭声。有病新生儿的哭声常常是高尖、短促、沙哑或微弱的,如遇到这些情况应尽快找医生。正常新生儿的哭有很多原因,如饥饿、口渴或尿布湿了等,在入睡前或刚醒时还可能出现不同原因的哭闹,一般在哭后都能安静入睡或进入清醒状态。宝宝会用不同的哭声表达不同的需要。

大多数新生儿哭时,如果把他提起竖靠在肩上,他不仅可以停止哭闹,而且会睁开眼睛。如果父母在后面逗引他,他会注视你,用眼神和你

月月谈 *YueYueTan*

交流。一般情况下,通过和孩子面对面地说话,或把你的手放在宝宝腹部,或按握住他的双臂,约70%哭着的新生儿可以由这种安慰停止哭闹。

早期教育与训练

　　人的智能的培养应该从出生之后就开始。此时世界上的一切事物对于新生儿来说都是新鲜的,大脑接受着许多复杂事物的刺激,形成条件反射。原来空白的大脑中,逐渐增添了各种各样的声音、图像等感觉知识。当然接触的事物种类越多,对大脑的刺激也相对越多。

　　新生儿的条件反射功能有主动、被动之分。主动的条件反射是通过耳、眼、鼻、口及皮肤等器官感觉而形成的。被动的生理条件反射功能是一种纯本能。例如,当您用手指去触碰孩子的口角、面颊时,他就会认为有吃的东西,会顺着被触摸的方向张开小嘴,做吸吮的动作。这是一种本能,寻找食物,用以维持生命。又如,孩子具有抓握反射功能。用一个孩子能握住的玩具去触及孩子的小手时,他就会把手握得更紧。如果他握住了这个玩具,就会牢牢地抓住,当您用力拉玩具时,会连同孩子的身体一起拉动。这两种条件反射随着神经系统的正常发育,到了3个月的时候将会消失。

　　新生儿出生半个月后,可以对视觉进行训练。例如把一些色彩明快的图案给孩子看。应当注意的是,强烈的光线对孩子视觉发育不利。因此,新生儿室内的光线要柔和,而且不能直接照射孩子的眼睛。电视机距离孩子的床要远,不要让孩子看电视。在孩子睡醒后,母亲可以用和蔼亲切的语音对他讲话、给孩子唱一些歌,也可以听一些柔和悦耳的音乐进行听觉训练，但声音要小，以免过高的声音刺激孩子，使孩子受到惊吓。孩子在睡觉时，要保持室内安静。

别看新生儿出生没多长时间，但他会很快养成一些习惯，如吃惯了母乳再换牛乳，他就会感到不习惯，并拒绝吃。如果每次都给孩子喂甜水，再给他喝白开水，他会坚决不喝。所以要从新生儿时期，就训练孩子养成良好的习惯。不能总是喝甜水，喂奶的糖也不能加得太多，一般加糖5%，甜味不要太重，这样既可满足孩子的营养需求，又有利于孩子养成良好的习惯。

喂养指导

母乳喂养的趋势

近来，国际上已将保护、促进和支持母乳喂养作为妇幼卫生工作的一项重要内容。1990年世界儿童问题首脑会议，把提高4个月的纯母乳喂养率列为全球奋斗目标。

在20世纪40年代，工业飞速发展，奶粉及代乳品的生产促使人工喂养逐步代替母乳喂养。它首先在工业发达的国家盛行，以后逐渐影响到发展中国家。到20世纪70年代中期，专家们开展了一系列有关母乳喂养的科学研究，证实了母乳喂养的无比优越性。从此，发达国家的母乳喂养率逐步上升，而在不少发展中国家，母乳喂养率却仍在下降。据调查，

月月谈
YueYueTan

在全世界范围内,母乳喂养的发展趋势是:高母乳喂养率→下降→上升。在这个变化趋势中,生活较富裕、受教育较多的人群处在主导地位。

母乳喂养

母乳喂养的情况是多种多样的。1989 年联合国儿童基金会主办的母乳喂养定义会上,将母乳喂养分为以下几类:

1. 全部母乳喂养

全部母乳喂养又分为两种:(1)纯母乳喂养。指除母乳外,不给婴儿吃其他任何液体或固体食物。(2)几乎纯母乳喂养。指除母乳外,还给婴儿吃维生素、水、果汁,但每天不超过 1 ~ 2 次,每次不超过 1 ~ 2 口。

2. 部分母乳喂养

部分母乳喂养分为三种:(1)高比例母乳喂养。指母乳占全部婴儿食物的 80% 及以上。(2)中等比例母乳喂养。指母乳占全部婴儿食物的 20% ~ 79% 。(3)低比例母乳喂养。指母乳占全部婴儿食物的 20% 以下。

3. 象征性母乳喂养

这种母乳喂养只给婴儿提供小部分需要。

纯母乳喂养能满足婴儿需要吗

据研究,大多数 6 个月以内的纯母乳喂养婴儿生长适宜。母乳是婴儿必需的、理想的食品,其所含的各种营养物质最适合婴儿消化吸收,而且具有最高的生物利用率。母乳的质与量随着婴儿的生长和需要呈相应改变。孩子吸得越勤,乳汁便分泌得越多。一般公认婴儿6周时乳房每日分泌700毫升乳汁,到3个月时可增加到800毫升。据报道,纯母乳喂养时,7个月的婴儿每日可从母亲乳房吸吮到1500毫升乳汁。

母乳喂养的好处

(1)母乳营养丰富,钙、磷比例适宜(2∶1),有利于孩子对钙的吸收。且母乳中含有较多的脂肪酸和乳糖,磷脂中所含的卵磷脂和鞘磷脂也较多,而且在初乳中含微量元素锌较高,这些都有利于促进小儿生长发育。

(2)母乳蛋白质的凝块小,脂肪球也小,且含有多种消化酶。母乳中的乳脂酶再加上小儿在吸吮过程中,舌咽分泌的一种舌脂酶,有利于对脂肪的消化。另外,人乳的缓冲力小,对胃酸的中和作用弱,有助于营养物质的消化吸收。

(3)母乳中含有免疫物质。在母乳中含有各种免疫球蛋白,如 IgA、IgG、IgM、IgE 等。这些物质会增强小儿的抗病能力。特别是初乳,含有多种防病、抗病的抗体和免疫细胞,这是在牛乳中所得不到的。

(4)母乳是婴儿的天然生理食品。从蛋白分子结构看,母亲的乳汁适宜婴儿,不易引起过敏反应。而在牛奶中,含有人体所不适应的异性蛋白,这种物质可以通过肠道黏膜被人体吸收引起过敏。因此,有的婴儿喝牛奶以后,发生病变反应,引起肠道少量出血、婴儿湿疹等现象。

(5)母乳中无菌,直接喂哺不易污染;温度合适,吸吮速度及食量可随小儿需要增减,既方便又经济。

(6)母乳喂哺也是增进母婴感情的过程。母亲对婴儿的照顾、抚摸、

拥抱、对视、逗引以及与母亲胸部、乳房、手臂等身体部位的接触，都是对婴儿的良好刺激，能促进母婴感情日益加深，可使婴儿获得满足感和安全感，使婴儿心情舒畅，也是婴儿心理正常发展的重要因素。

（7）婴儿的吸吮过程反射地促进母亲催产素的分泌，促进母亲子宫的收缩，能使产后子宫早日恢复，从而减少产后并发症。

初乳喂养的好处

产妇最初分泌的乳汁叫初乳，虽然不多但浓度很高，颜色类似黄油。与成熟乳比较，初乳中含有丰富的蛋白质、脂溶性维生素、钠和锌。还含有人体所需要的各种酶类、抗氧化剂等。相对而言含乳糖、脂肪、水溶性维生素较少。初乳中 SIgA 可以覆盖在婴儿未成熟的肠道表面，阻止细菌、病毒的附着。初乳还有促进脂类排泄作用，减少黄疸的发生。所以初乳被人们称为第一次免疫。妈妈们一定要抓住给孩子初乳喂养的机会。

此外，早产乳也具有最适合喂养自己早产儿的特点。如早产乳乳糖较少，蛋白质、IgA、乳铁蛋白较多，最适合早产儿生长发育的需要，请不要忽视这点。

表1　健康母亲乳汁分泌量

产后时间	每次哺乳量（毫升）	每日平均哺乳量（毫升）
第1周	18～45	250
第2周	30～90	400
第4周	45～140	550
第6周	60～150	700

产后时间	每次哺乳量(毫升)	每日平均哺乳量(毫升)
第 3 月	75 ~ 160	750
第 4 月	90 ~ 180	800
第 6 月	120 ~ 220	1000

表 2　新生儿期母婴每日生活时间表

时　间	内　容
5:00	给婴儿换尿布,然后喂奶,放回床上
7:00	母亲吃早餐
8:00	喂奶、换尿布
9:00	给婴儿洗澡并饮水 1 次,放回床上(洗澡也可放在 17:00)
11:00	喂奶,然后放回床上,婴儿在 3~4 周后,如天气适宜,可放入小车到室外 1 个小时
12:00	母亲进午餐
12:30	母亲午睡
14:00	喂奶,放回床上,3~4 周后,如天气适宜,可放入小车到室外 1 个小时
16:00	喂水(出生后第二周可喂果汁水)并预备好婴儿睡觉
17:00	喂奶,把婴儿放回床上
18:30	母亲进晚餐
20:00	喂奶,把婴儿放回床上
23:00	喂奶,然后让婴儿入睡到第二天 5:00 如果夜间醒了,换尿布后还啼哭,在没有什么不舒服的情况下,可喂一点水

表3 牛奶喂哺参考表

年 龄	一日奶量 (毫升)	加水量 (毫升)	糖 (克)	哺喂次数	一次奶量 (毫升)
第一周	140	280	20	7	60
第二周	280	280	25	7	80
第三周	400	200	30	6~7	85~100
第四周	500	150	33	6~7	90~110

表4 人乳、初乳及牛乳成分比较

成分(克/100 克)	人 乳	人初乳	牛 乳
水	88	87	88
蛋白质	0.9	2.3	3.3
酪蛋白	0.4	1.2	2.7
乳白蛋白	0.4		0.4
乳球蛋白	0.2	1.5	0.2
脂肪	3.8	2.9	3.8
不饱和脂肪酸	8.0	7.0	2.0
乳糖	7.0	5.3	4.8
矿物质(毫克/100 克)			
钙	34	30	117
磷	15	15	92
钠	15	135	58
钾	55	275	138
镁	4	4	12

续 表

成分(克/100 克)	人 乳	人初乳	牛 乳
铜	0.04	0.06	0.03
铁	0.21	0.01	0.21
锌	0.4	0.6	0.4
碘	0.003	0.012	0.05
维生素(毫克/100 毫升)			
A	190 IU		100 IU
B_1	0.016		0.044
B_2	0.036		0.175
烟酸	0.147		0.094
B_6	0.01		0.064
叶酸	0.052		0.055
B_{12}		0.00003	0.0004
C	4.3		1.1
D	0.4 ~ 10.0 IU		0.3 ~ 4.0 IU
E	0.2		0.04
K	0.0015		0.006

纯母乳喂养的方法

（1）孩子出生后 1 ~ 2 个小时内，妈妈就要做好抱婴准备。

（2）掌握正确的哺乳姿势。让孩子把乳头及乳晕的一部分含在口

中,孩子吃起来很香甜。孩子吃奶姿势正确,还防止乳头皲裂。

(3)纯母乳喂养的孩子,除母乳外不宜添加任何食品,也不用喂水,孩子什么时候饿了什么时候吃。纯母乳喂哺最好坚持6个月。

(4)孩子出生后头几个小时和头几天要多吸吮母乳,以达到促进乳汁分泌的目的。孩子饥饿时或母亲感到乳胀时,可随时喂哺,哺乳间隔是由宝宝和母亲的感觉决定的,这也叫按需哺乳。

孩子出生后2~7天内,喂奶次数频繁,以后通常每日喂8~12次,当婴儿睡眠时间较长或母亲感到乳胀时,可叫醒宝宝随时喂哺。

喂奶注意事项

哺乳前母亲应先做好准备,将手洗干净,用温开水清洗乳头。哺乳时母亲最好坐在椅子上,将小孩抱在怀中,如小儿的头依偎于母亲左侧手臂,则先喂左侧乳房,吸空后换另一侧。这样可使两侧乳房都有排空的机会。哺乳完毕后,以软布擦洗乳头。再将小儿抱直,头靠肩,用手轻拍小儿背部,使孩子打几个嗝,胃内空气排出,以防溢奶,然后将婴儿放在床上,向右倾卧位,头略垫高。

授乳时的正确姿势

1. 体位舒适

喂哺可采取不同姿势,重要的是母亲应了解,心情愉快、体位舒适和全身肌肉松弛有益于乳汁排出(见图1、图2、图3)。

图1　　　　　　　图2　　　　　　　图3

2. 母婴必须紧密相贴

无论怎样抱婴儿,喂哺时婴儿的身体与母亲的身体应相贴。婴儿的头与双肩朝向乳房,嘴处于和乳头相同水平的位置。

3. 防止婴儿鼻部受压

喂哺全过程应保持婴儿头和颈略微伸张,以免鼻部压入乳房而影响呼吸,但也要防止婴儿头部与颈部过度伸展造成吞咽困难。

图4　　　　　　　　　　　　图5

4. 母亲手的正确姿势

应将拇指和另外四指分别放在乳房上、下方,托起整个乳房喂哺

（图4）。除非在奶流过急或婴儿有呛奶时,避免剪刀式夹托乳房(图5)。这种手势会反向推乳腺组织,阻碍婴儿将大部分乳晕含入口内,不利于充分吮吸乳房内的乳汁。

怎样才知道孩子是否吃饱

（1）喂奶前乳房丰满,喂奶后乳房较柔软。

（2）喂奶时可听见吞咽声(连续几次到十几次)。

（3）母亲有乳汁吸出的感觉。

（4）尿布 24 小时湿 6 次及 6 次以上。

（5）孩子大便软,呈金黄色、糊状。每天 2～4 次。

（6）在两次喂奶之间,婴儿很满足、安静。

（7）孩子体重平均每天增长 18～30 克或每周增加 125～210 克。

母亲的营养和乳汁成分的关系

母亲的乳汁中含有丰富的营养成分,如脂肪、乳糖、矿物质、微量元素等。母亲一时营养供给不足,不会影响乳汁成分。但是如母亲长期营养摄入不足,会影响到乳汁营养素的含量(尤其是维生素 B_6、维生素 B_{12}、维生素 A 和维生素 D),出现婴儿营养不良现象。

月月谈
YueYueTan

妨碍母乳分泌的药物

（1）生物碱代谢药会影响泌乳素的产生，从而抑制泌乳。

（2）止痛药。一切普通的产生止痛效果的药，如可待因、安乃近应避免使用。因为这些药会通过乳汁分泌出来。可选择扑热息痛或布洛芬。

（3）镇静药。如母亲用了安定、巴比妥酸盐等药后，会加重婴儿肝的代谢负担，而且药物易蓄积在婴儿体内，另外可引起新生儿的困倦和嗜睡。

哺乳母亲禁用的药物

以下药物在哺乳期最好不用，如必须用时，就要考虑停止哺乳。如金钢烷胺、抗癌药物、溴化物、水滴录、放射性同位素等。

哪些母亲不宜哺乳

母乳喂养固然有许多优点，但还是有少数母亲因健康原因不宜哺乳。例如，母亲生产时流血过多或患有败血症；患有结核病、肝炎等传染病；患严重心脏病、肾脏疾患、糖尿病、癌症或身体极度虚弱者；患急性传染病、乳头皲裂或乳腺脓肿者，可暂时停止哺乳。在暂停哺乳期间，要将乳汁用吸奶器吸出来。这样做有两个好处，一方面可以消除肿胀；另一方面可以使病愈后

月月谈 YueYueTan

哺乳时,仍有足量的乳汁。在暂停哺乳期间,可以用牛奶代替喂养。

影响母乳分泌的因素

母乳分泌量的多少受许多因素的影响,主要有:

（1）母亲营养良好、热量充足、各种营养素及水分充足,其乳汁的分泌质量就高且数量也多。反之,则质劣量少。

（2）乳母的精神情绪因素起一定作用,如焦虑、悲伤、紧张、不安都会使乳汁突然减少。因此,乳母应该有一个宁静、愉快的生活环境。

（3）乳母要有充分的休息时间,保证睡眠。过度的疲劳和睡眠不足,可使乳汁分泌量减少。

（4）乳母生病也会使乳汁减少。每次哺乳若不能完全排空或每日的哺乳次数过少,乳汁就会积存下来, 这会抑制乳汁分泌的。

现在分娩后,有的医院抱奶时间较晚,12～24 个小时后才让母亲喂哺婴儿,夜间又不抱奶,这样婴儿吸奶次数少,加上医院婴儿室又给孩子补充糖水或牛奶,所以在抱奶时婴儿常处于睡眠状态,造成不肯吸吮或吸吮无力的现象,导致乳母喂哺失败。因此,应提倡产后母婴及早同室;新生儿醒后饿了要随时喂哺,以促使乳汁分泌逐渐增多。

母乳不足的状况

（1）母亲感觉乳房空。

（2）宝宝吃奶时间长,用力吸吮却听不到连续的吞咽声,有时突然放开奶头啼哭不止。

（3）宝宝睡不香甜，吃完奶不久就哭闹，来回转头寻找奶头。

（4）宝宝大小便次数少，量也少。

（5）体重不增加或增加缓慢。

大多数自认为"没有奶"的乳母并非真正母乳不足，应及时查明原因，排除障碍，并采取积极的催奶办法，千万不要轻易放弃母乳喂养。

母乳不足时的哺喂方法

母乳不足时，需加牛奶或其他乳制品等进行混合喂养。混合喂养虽不如母乳喂养效果好，但要比完全人工喂养好得多。混合喂养时，每次应先哺母乳，将乳房吸空后，再给孩子补充其他代乳品。最好的代乳品是鲜牛奶，因为其维生素含量高、浓度易掌握。这种喂养方法叫做补授法。这样每次按时哺乳吸空母乳，有利于刺激乳汁再分泌，否则会使母乳量逐渐减少。补授的乳汁量要按孩子食欲情况与母乳分泌量的多少而定，原则上是以孩子吃饱为宜。补授开始时需观察几天，以便掌握每次补授的奶量及孩子有无消化异常的现象，以无腹泻、吐奶等情况为佳。

母亲上班不能哺乳怎么办

若是母亲工作，不便按时哺乳，也需进行混合喂养，这种哺乳方法叫做代授法。一般是在两次母乳之间加喂一次牛奶或其他代乳品。最好母亲仍按哺乳时间将乳汁挤出，或用吸乳器将乳液吸空，以保证下次乳房充

分泌乳。吸出的乳汁在可能的情况下,放置在冰箱或凉地方,注意清洁地存放起来,温水煮热后仍可喂哺。每天用母乳喂宝宝最好不要少于 3 次,因为如果只喂一两次,乳房受不到充分的刺激,母乳分泌量就会越来越少,对孩子健康成长不利。

什么是人工喂养

人工喂养是指由于各种原因在客观上限制了母乳喂养,而只好采用其他乳品和代乳品进行喂哺婴儿的一种方法。人工喂养相对前两种喂养方法复杂一些,喂养效果也不如母乳喂养。

新生儿期奶量(指牛奶)可按每千克体重计算。因牛奶不易消化,新鲜牛奶可加适量的水,一般新生儿可按 2:1,即两份奶加 1 份水,另加糖 5%。喂奶前要把牛奶煮开 5 分钟,这样既有利于婴儿吸收,又可以将奶中的病菌杀死。新生儿一般每天要喂 7～8 次,每次喂奶间隔时间为 3～3.5 个小时。如 3 千克的孩子,则需给奶量为 100 毫升×3＝300 毫升,再加上 150 毫升水,总量为 450 毫升,分 7～8 次吃,每餐为 60～70 毫升。如消化功能好、大便正常,出生后 15 天到满月可给纯奶吃,可按每千克 100～150 毫升计算,每顿吃 60～100 毫升。

人工喂养注意事项

(1)最好为孩子选购直式奶瓶,便于洗刷,奶头软硬应适宜,乳孔大小可根据小儿吸吮能力情况而定,一般在乳头上扎两个孔,最好扎在侧面,这样不易呛奶。奶头孔扎好后,试将奶瓶盛水倒置,以连续滴出为宜(图6)。

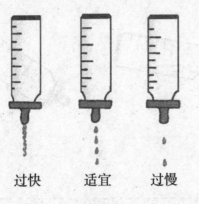

过快　　　适宜　　　过慢

图6

(2)奶瓶、奶头、杯子、碗、匙等食具,每次用后要清洗并消毒。应给孩子准备一个锅专门用于消毒,加水在火上煮沸5分钟即可。

(3)每次喂哺前要看乳汁的温度,过热、过凉都不行。可将奶滴于腕部、手背部,以不烫手为宜(图7)。

图7

（4）喂奶时将奶瓶倾斜45°，使乳头中充满乳汁，应避免冲力太大或吸入空气（图8）。

不正确

正确

图8

喂奶是否要严格遵守时间

一般来说，每个孩子消化、吸收功能不一样，即使同一个孩子，每天饥饿的时间也不完全一样。所以，正确的做法是，有大致的喂奶时间表，如果孩子没到预定时间就哭，可以提前喂奶，到了预定时间，孩子仍睡得很香，也可以让他再睡一会儿，推迟一点喂奶时间。

如果婴儿饿了，而你却坚持遵守喂奶时间，不给孩子喂奶，孩子会啼哭，若家长仍旧不理睬，长期下去，孩子会产生愤怒或灰心丧气的情绪，这对尊重孩子的个性，培养神经健全的孩子是不利的。

乳头破裂时怎样授乳

婴儿吮吸奶时用力叼啄乳头或用牙龈挤压乳头，或乳母哺乳时没有把乳头洗净擦干，或用力拽出乳头等都会引起乳头破裂。

1. 乳头破裂的防止方法

乳母在喂哺时要让婴儿深含乳头直含至乳晕部位。在哺乳结束后婴儿还衔着乳头时，不要立即退出乳头，以防乳头破裂。此时乳母应用小指尖伸到婴儿嘴角与乳房的空隙处或插入婴儿牙龈之间，使婴儿嘴巴张开，然后再拔出乳头并随时用干净的毛巾或纱布蘸温开水将乳头擦洗干净，再挤出少许乳汁涂抹于乳头表面。

2. 乳头破裂时的授乳

即便是非常小心，乳母肌肤柔嫩的乳头仍会出现"吸伤"或"咬伤"的现象。由于乳头处比较敏感，因此在婴儿吸吮时疼痛剧烈，乳母难以忍受，所以有许多人停止授乳而改为人工喂养或混合喂养，但是乳汁充足只因乳头破裂而改用牛奶喂养实在可惜。在多数情况下，乳头破裂只出现于一侧乳房，这时如能很好地处理，完全可以继续给婴儿喂奶。

例如，每侧乳房喂 10 分钟，先让婴儿吸吮 3～4 分钟有裂伤的一侧（此时一定不要让婴儿单吸吮乳头，要让婴儿张大口直至吸到乳晕），然后让婴儿吸吮 10 分钟健侧乳房，最后，再让婴儿吸吮 4～5 分钟患侧乳房。如果健侧乳房也能使婴儿吃饱，则可停吸 1～2 天患侧乳房。破裂的乳头经休息后会自然痊愈，所以不要因为乳头有了裂伤而换成喂牛奶。

如果乳头破裂较重，授乳时疼痛难忍，可以先将乳汁挤出，装入奶瓶中再喂给婴儿。如由于疼痛，导致泌乳困难、乳汁不足时，也可用牛奶代替。不过此时特别要注意橡胶乳头的出奶口要小，否则会出现因出奶口太大容易吸乳而引起婴儿以后拒绝吃母乳。

如何喂养早产儿

医学上称的早产儿是指胎龄未满 37 周(260 天),体重少于 2500 克,身长少于 46 厘米的新生儿。

1. 早产儿的特征

早产儿由于在母体中的时间短,他们的体质一般较差,从母体中吸收、储备的养分也相对不足。早产儿的皮肤一般薄而发亮,哭声甚轻,呼吸不均,四肢不太爱活动,体温较低。而且由于他们的口舌肌肉活动能力太弱,一般不能通过直接吮吸乳头而获取乳汁。

2. 早产儿的喂养

早产儿由于体质较差,因此若不注意喂养就容易造成营养不良,使生长发育受阻。所以多主张尽早喂养早产儿。生活能力强一些的,可在生后 4~6 个小时开始喂养;体重在 2000 克以下的早产儿,应在生后 12 个小时开始喂养;若是情况较差,则可推迟到 24 个小时后喂养。先用 5% 或 10% 葡萄糖液喂,每 2 小时 1 次,每次 1.5~3 汤匙,24 个小时后可喂乳类。

对于有吮吸能力的早产儿,应尽量直接哺喂母乳;吮吸能力差一些的,乳母可先挤出母乳,然后用滴药管将母乳缓缓滴入宝宝口中,一般每 2~3 小时喂 1 次。如果没有母乳,可用牛奶代替,开始给半脱脂或稀释乳(2:1 或 3:1)加 5% 糖液,1 个月后改用全脂奶粉喂养。

3. 早产儿的喂养量

早产儿最初 2~3 日内的喂哺量为每日每千克体重喂奶 60 毫升,以后随婴儿体重增长而逐渐增加奶量,至 15 天时一般喂奶量为 70~100 毫升。每天喂哺 8 次,即每 3 小时喂 1 次,在 2 次喂哺中间可喂洁净凉开水 1 次。

由于早产儿体内的各种物质储量少而生长较快,所以应给宝宝添加必要的营养物质。如给予复合维生素 B 片,每次 1 片,每天 2 次;维生素 C 每次 50 毫升,每天 1 次;维生素 E 每天 10 ~ 15 毫克,分 2 次服用。出生后 2 周开始服鱼肝油滴剂,开始每日 1 滴,后逐渐增至每日 5 ~ 10 滴;出生后 1 个月可补充硫酸亚铁,每天 0.3 克,分 3 次口服。

早产儿如果喂哺得当,每日应增重 15 克,到 1 岁左右体重和正常儿就差不多了。早产儿的母亲不必太过担心。

怎样喂养足月双胞胎

十月怀胎,一朝分娩。随着一高一低两声清脆的啼哭声,你幸福地成为了两个孩子的母亲。惊喜过后,你是否担心乳汁不够他们俩吃呢?

1. 神奇的乳房

不用担心,大多数母亲都有足够的乳汁喂哺双胞胎。这是因为乳房是一个很有活动能力的器官,婴儿吮吸得越勤,乳房受到的良好刺激越多,乳汁分泌也就越多。一般认为新生儿期乳母分泌量为每日 500 毫升,6 周时可增至 700 毫升,3 个月时可增加到 800 毫升,而在 7 个月时则可分泌 1500 毫升。如果是双胞胎吮吸,在 7 个月时则可增至每日泌乳 2500 毫升,因此双胞胎妈妈无需担心。

2. 日常双胞胎的喂养

在日常生活中,由于乳母同时喂养照看两个孩子会有许多困难,所以很多母亲就放弃了母乳喂养,这并不是母乳不足造成的。

乳母应相信乳汁足够喂哺两个孩子,因为吸吮越多,乳汁分泌也就越旺盛,也就是说,两个孩子吸吮乳房就一定会有足够的乳汁供两个孩子吃。乳母可以同时喂哺两个孩子,也可以两个孩子轮换着喂。

当然,乳母因同时喂哺两个婴儿,故应适当加强营养素的补充,同时也要休息好以保证精力旺盛。

如何喂养体重过大儿

体重过大儿指的是出生时体重超过 4000 克的新生儿以及体重超过同性别同月龄正常小儿体重均值 20% 的肥胖儿。肥胖对小儿日后的健康有很多隐患,因此应该积极预防,而预防主要是在饮食上预防和加强锻炼。

1. 巨大儿的喂养

巨大儿出生后,必须坚持母乳喂养,在 4 个月内不要喂奶粉或米粉等代乳品(当然,母乳不足者肯定不能这样,但也要注意少喂含糖多的代乳品)。同时婴儿还应定期到医院进行生长发育检测,要监测体重增加的速度。

5 ~ 6 个月后的过重婴儿应该限制奶量,饮食上应遵循少糖、少油,遵循蛋白质、维生素和矿物质充足的原则,以控制过多热能的摄入。应减少精制米面食品的摄入,以蔬菜汁、水果汁及玉米、全麦食品代替,蛋白质的补充应以瘦肉、鱼、鸡蛋、豆类及其制品为主,少进食含糖、脂肪多的食品。

2. 加大体重过大儿的运动量

胖孩子由于运动量偏少而使热量无法消耗,进而形成恶性循环。所以为了不使胖孩子体重增加过快,或出现长大后运动不协调的现象,在婴儿期应以消耗婴儿热能并促进运动的协调为原则,让婴儿多运动,如给婴儿做被动操。对会爬会走的婴儿则要让其多爬多走,并做运动、游戏,以增加其体能消耗,使其体重下降到正常范围内。

唇裂、腭裂孩子的喂养

唇裂和腭裂不仅造成外观上的缺陷,而且给喂养带来一定困难。因此,必须讲究喂养技巧。

若是用母乳喂养,要提供和坚持洁乳喂养。轻度的唇裂,母亲只要做到仔细地、慢慢地喂,婴儿一般能够成功地吸吮;较重的唇裂,母亲在哺乳时应将乳房紧贴唇裂的裂口处,这样可以减少漏气,有助于孩子吸吮乳汁。如果是腭裂,轻者,哺乳时将婴儿竖抱着喂奶就容易些;严重者须用吸奶器将乳汁吸出,然后,用小匙贴在小儿的口角处或用带细软胶管的滴管沿口角处慢慢地喂入,一般就不会再呛奶了。

若是人工喂养,必须注意的是,用奶瓶喂养时应该将奶头孔开得略大一些,将婴儿竖抱,奶嘴紧贴口角的一侧,随着婴儿的吸吮动作,乳汁会顺着口角慢慢流到咽部再咽下。腭裂严重的患儿,要在专科医院给患儿腭部装上一块塑料托板,这样有利于喂奶。3个月以上的小儿,可在牛奶中加入一些奶糕,做成稠厚的奶糊,用小匙一口口慢慢地喂,就能减少孩子发生呛奶等意外。

月月谈 *YueYueTan*

新生儿保健

新生儿洗澡方法

给新生儿洗澡要做好准备工作。室温应保持在 23～26℃，水温一般以 37～38℃为宜，将干净的包布、衣服、尿布依次摆好，再准备一条洗澡巾铺好。

洗澡时将孩子仰卧位放在澡盆里，用手托住头部并用手指将两耳护好（图9），以免进水引起中耳炎。先洗头部，再洗躯干，依次到四肢，动作要迅速。如在脐带未脱落前洗澡，应尽量避免浸湿脐部。洗澡时可隔日给孩子用婴儿皂，严防皂水流入眼、鼻、口、耳中。如不能洗澡，也要经常用温毛巾擦洗手、脸、脖子、腋下、大腿根部，以免皮肤皱褶处污染，洗后最好不要扑粉，以免堵塞毛孔，影响皮肤排泄代谢物质。

图9

新生儿睡觉不要捆

我国民间有一个传统习惯,在孩子睡觉时,用布带把孩子两腿拉直捆好,认为只有这样才不会长成罗圈腿;再把两臂贴在身体两侧固定好,认为这样孩子才睡得香甜,可不受惊吓,于是用带子把孩子上下捆紧。其实,这种做法限制了孩子在睡觉时的自如动作,固定的姿势使肌肉处于紧张状态,实际上罗圈腿是佝偻病的症状,不是捆绑可以预防的。因此,孩子在睡觉时,四肢应处于自然状态。睡眠中四肢活动是自然生理状态,不是受惊吓的结果。孩子睡觉时,可根据气温情况,选择厚薄合适的被子,用一条带子在被外轻轻拢上即可。

新生儿脐带护理

脐带是胎儿与母亲胎盘相连接的一条纽带,胎儿由此摄取营养与排出废物。胎儿出生后,脐带被结扎、切断,留下呈蓝白色的残端,几个小时后,残端就变成棕白色,以后逐渐干枯、变细,并且成为黑色。一般在出生后3~7天内脐带残端脱落。脐带初掉时创面发红、稍湿润,几天后就完全愈合了。以后由于身体内部脐血管的收缩,皮肤被牵拉、凹陷而成脐窝,也就是俗称的肚脐眼。

在脐带脱落愈合的过程中,要做好脐部护理,防止发生脐炎。脐带内的血管与新生儿血循环系统相连接,生后断脐时及断脐后均需严密消毒,否则细菌由此侵入就会发生破伤风或败血症,因此必须采取新法接生。

月月谈
YueYueTan

脐带结扎后,形成天然创面,是细菌的最好滋养地,如果不注意消毒,就会发生感染,所以在脐带未脱落前,每日均要对脐部进行消毒。

一般在孩子出生后24个小时,就应将包扎的纱布打开,不再包裹,以促进脐带残端干燥与脱落。处理脐带时,洗手后以左手捏起脐带,轻轻提起,右手用蘸过消毒酒精的棉花棒,围绕脐带的根部进行消毒,将分泌物及血迹全部擦掉,每日1~2次,以保持脐根部清洁。同时,还必须勤换尿布,以免尿便污染脐部。如果发现脐根部有脓性分泌物,而且脐局部发红,说明有脐炎发生,应该请医生治疗。

接种卡介苗

孩子在出生后第2天即可接种卡介苗。接种后,可获得对结核菌的一定的免疫能力。卡介苗接种一般在左上臂三角肌处皮内注射,也有在皮肤上进行划痕接种,做"艹"或"井"字形,长1厘米。划痕接种法虽方便,但因接种量不准,有效免疫力不如皮内注射法。故目前一般不采用划痕法。

新生儿接种卡介苗后,无特殊情况一般不会引起发热等全身性反应。在接种后2~8周,局部出现红肿硬结,逐渐形成小脓疱,以后自行消退。有的脓疱穿破,形成浅表溃疡,直径不超过0.5厘米,然后结痂,痂皮脱落后,局部可留下永久性瘢痕,俗称卡疤。为了判断卡介苗接种是否成功,一般在接种后8~14周,应到所属区结核病防治所再做结核菌素(OT)试验,局部出现红肿0.5~1.0厘米为正常,如果超过1.5厘米,需排除结核菌防止自然感染。一般新生儿接种卡介苗后,2~3个月就可以产生有效免疫力,3~5年后,在小学一年级时,再进行OT试验,如呈阴性,可再种卡介苗一次。

早产儿、难产儿以及有明显先天畸形、皮肤病等的小儿,禁忌接种。

接种乙肝疫苗

目前在世界各国,乙型肝炎的患病率均高得令人吃惊。为此,我国有关部门研制出乙型肝炎疫苗,这种疫苗没有传染性,对乙肝病毒具有很好的免疫性能,现已在新生儿中广泛应用。

整个免疫注射要打三针,第一针(一般由产科婴儿室医务人员注射)于孩子出生后24个小时之内在上臂三角肌处注射,剂量为10微克。第二针在出生后1个月注射,剂量为15微克。第三针在出生后6个月注射,剂量为5微克。全部免疫疗程结束后,有效率可达90%~95%。婴幼儿接种疫苗后,可获得免疫力达3~5年。

免疫疫苗接种过程简单,一般没什么反应,个别孩子可能出现低热,有的在接种部位出现小的红晕和硬结,一般不用处理,1~2天可自行消失。

新生儿房间环境卫生

中国有个传统习惯,就是把产妇与孩子严严实实地捂在房间里。这实际上给产妇和婴儿造成了一个昏暗和污浊的环境。尤其在夏天,室内非常闷热,很容易使孩子发热、起脓疱疹、长痱子,以及患呼吸道疾病,产妇也容易中暑。

月月谈 *YueYueTan*

　　科学的方法是保持产妇与新生儿室内空气的清新。在温暖的季节，每天都要通风换气，当然开窗之前，要给产妇与婴儿适当的遮盖，不要使风直吹到他们的身上，要避免产生对流风。在夏季要使室内空气保持在30℃以下，可在地面上洒一些水，既可降温，又可使室内空气保持一定的湿度。冬季室温最好保持在 20～22℃，也可以洒一些水来湿化空气，防止呼吸道疾病的发生。通风要谨慎，应避免穿堂风，且不可时间过长。生火炉的家庭，一定要注意烟筒通畅，不要将没有烟筒的火炉子搬进室内，以防止发生煤气中毒。

要注意给孩子保暖

　　新生儿的体温调节机制还不健全，因而给孩子保暖十分重要。如何观察孩子是冷还是热呢？一般可以摸孩子露着的部位，如面额、手等，以不凉无汗为合适。若小儿四肢发凉，说明温度不够，可加热水袋保暖（热水袋的温度应在50℃左右）。要将热水袋放在小儿棉被下，不要直接接触皮肤，以免引起烫伤。

Part 2
宝宝1个月

1个月婴儿的发育特点

新生儿期结束以后，孩子就满月了。满月以后的这个月是婴儿发育最快的一个月。

身体发育状况

体重	男婴约 5.03 千克	女婴约 4.68 千克
身长	男婴约 57.06 厘米	女婴约 56.17 厘米
头围	男婴约 38.43 厘米	女婴约 37.56 厘米
胸围	男婴约 37.88 厘米	女婴约 37 厘米
坐高	男婴约 37.94 厘米	女婴约 37.35 厘米

月月谈
YueYueTan

1个月的孩子,一逗就会笑,面部长得扁平,阔鼻,双颊丰满,肩和臀部显得较狭小,脖子短,胸部、肚子呈现圆鼓形状,小胳膊、小腿也总是喜欢呈屈曲状态,两只小手握着拳。

动作发育状况

孩子在8周时,俯卧位下巴离开床的角度可达45°,但不能持久。要到3个月时,下巴和肩部才能都离开床面抬起来,胸部也能部分地离开床面,上肢支撑部分体重(图10、图11)。孩子俯卧时,家长要注意看护,防止因呼吸不畅而引起窒息。

图10   图11

从出生到1个月的孩子,动作发育处于活跃阶段,孩子可以做出许多不同的动作,特别是面部表情逐渐丰富。在睡眠中有时会做出哭相,撇着小嘴好像很委屈的样子。有时又会出现无意识的笑。其实这些面部动作都是孩子吃饱后安详愉快的表现。

感觉发育状况

孩子经过一个月的哺育,对妈妈说话的声音很熟悉了,听到陌生的声音他会吃惊,如果声音很大他会感到害怕而哭起来。因此,要给孩子听一些轻柔的音乐和歌曲,对孩子说话、唱歌的声音都要轻柔、悦耳。孩子很喜欢周围的人和他说话,没人理他的时候他会感到寂寞而哭闹。

1个月的孩子,皮肤感觉能力比成人敏感得多,有时家长不注意,把一根头发或其他东西弄到孩子的身上刺激了皮肤,他就会全身左右乱动或者哭闹表示很不舒服。这时的孩子对过冷、过热都比较敏感,以哭闹向大人表示自己的不满。两只眼睛的运动还不够协调,对亮光与黑暗环境都有反应。1个月的孩子很不喜欢苦味与酸味的食品,如果给他吃,他会表示拒绝。

睡眠情况

1个多月的孩子,一天的大部分时间是在睡眠中度过的。每天能睡18～20个小时,其中约有3个小时睡得很香甜,处在深睡不醒状态。

心理发育状况

宝宝先天的本能就是会吸吮,吃饱后将宝宝竖直抱在妈妈的怀中轻

轻地拍拍他的后背,有时孩子会打几个嗝出来,之后他会有一种满足感。

如果是在光线微暗的房间里他就会睁开眼睛,喜欢看母亲慈爱的笑容,喜欢躺在妈妈的怀抱中,听妈妈的心跳声或说话声。所以在育儿开始阶段,提倡母婴皮肤早接触、多接触,母亲早喂奶、多抚摸、多与孩子交谈、多微笑,尊重宝宝的个性发展,让宝宝充分享受母爱。让宝宝的心理健康发展,对今后人格健康的形成起着重要作用。

通过以上与宝宝的交流,也正是触觉、味觉、听觉、视觉、平衡感综合训练刺激的过程,为脑发育过程提供了信息。

对于刚出世的宝宝来说,除了吃奶的需要,再也没有比母爱更珍贵、更重要的精神营养了。母爱是无与伦比的"营养素",这不仅是因为宝宝从子宫内来到这个大千世界感觉到了许多东西,更重要的是他在心理上已经懂得母爱,并能用孩子的语言(哭声)与微笑来传递他的内心世界。宝宝最喜欢的是母亲温柔的声音和笑脸,当母亲轻轻地呼唤宝宝的名字时,他就会转过脸来看母亲,好像一见如故,这是因为孩子在子宫内时就听惯了母亲的声音,尤其是把他抱在怀中,抚摸着他并轻声呼唤着逗引他时,他就会很理解似的对你微笑。宝宝越早学会"逗笑"就越聪明。这一动作,是宝宝的视、听、触觉与运动系统建立神经网络联系的综合过程,也是条件反射建立的标志。

早期教育与训练

新生儿的教育与训练

　　孩子在1个月的时候,观看东西的能力、双耳的敏感度都较前有一个飞跃。此时,家长可以在孩子床前上方挂些五颜六色的彩条、彩球等,还可以挂些带响声的玩具来吸引孩子。他能较长时间地注视这些东西,两只小手还会不停地挥动,好像是要抓玩具似的。如果妈妈把玩具在他面前摇晃,他的小手也会跟着挥舞,并皱着眉头没有笑意,双眼紧紧盯住这个玩具,不知是何物。其实这是孩子在认识、在思索一件新鲜事物。

　　1个月的孩子不会说话,大人们只能从他的视觉、听觉、动作几个方面着手教育,用彩色玩具训练目光固定,两眼协调集中在物体上的能力和追视能力。以唱歌、听音乐等方式训练孩子的听觉能力。

　　母亲是孩子的第一个老师,这是由母亲得天独厚的条件决定的。比如孩子睡觉时总是喜欢朝着母亲方向,喜欢看到妈妈慈祥的目光和亲切的面容,喜欢听妈妈柔和的语音,最愉快的时候是在妈妈的怀抱之中,这些都源自喂养中感情的交流。由一开始的条件反射到后来的完全信任,妈妈的一举一动都在影响着孩子、教育着孩子。做母亲的应该充分地认识这一点。

月月谈　*YueYueTan*

室内布置与综合感官训练

在宝宝的床边悬挂一些五颜六色的玩具,如气球、小动物、彩带等(最佳视距为 20 厘米)。当宝宝每天睡醒之后,用这些五颜六色的玩具逗引他,每天 2 ~ 3 次,每次时间因人而宜,一般为 3 ~ 8 分钟。

表5　智能发育测试(1 个月)

分　类	项　目	测评方法	通过标准
大动作	俯卧抬头片刻	宝宝趴在床上,脸向下,双臂放在头两侧,在前面用摇铃逗引其抬头	自行抬头,下额离开床面 2 秒
精细动作	握笔杆一会儿即掉	宝宝仰卧,将笔杆放在其手中	可握笔杆 2 ~ 3 秒
认知能力	听声音用眼睛找声源	宝宝仰卧,距一侧耳 9 厘米摇铃	眼睛向声源方向移动
言　语	会发细小喉音	宝宝仰卧清醒时,观察其发音	能发出除哭以外的任何一种细小、柔和的声音
情绪与社会行为	与父母眼对眼注视	宝宝清醒时与父亲或母亲对视	对视超过 3 秒以上
	逗引会微笑	宝宝仰卧,用语言、表情逗他,但不要用手触及他	有微笑等愉快反应

喂养指导

母亲的饮食(为哺乳做好准备)

　　哺乳的母亲要注意自己的饮食营养和清洁卫生,预防各种疾病。饮食方面应多吃些既营养丰富又容易下奶的食品,如鱼汤、肉汤加些青菜等。

　　下面介绍一些下奶的食疗方,供乳母参考:

　　鲜鲫鱼 500 克,清炖,加黄酒 3 杯,吃鱼喝汤。

　　羊肉 25 克,猪蹄 1 个,加入配料共炖,喝汤,每日 1～2 次,连服 1 周。

　　黑芝麻 250 克,炒后研成细末,用猪蹄汤冲服,每次 16 克,每日 3 次。

　　赤小豆 250 克,煮粥食,或赤小豆 250 克,煮汤,去豆饮汤,连服 3～5 日。

　　有的母亲因怕乳房下坠、体型变化而拒绝哺乳,这样会造成婴儿的不适,影响孩子的成长发育。在哺乳期间,为了防止乳房下坠,母亲可以用乳罩托起乳房,但不要压迫乳头,最好在乳罩的乳头部剪一个洞,使乳头得以舒展。为了保持体型,可以每天坚持做一做仰卧起坐及保健操,帮助恢复腹肌,以保持体型的健美。

婴儿的饮食

完全牛奶喂养的孩子,原来吃稀释奶的,现在可以喂全奶了,根据孩子的食欲情况而定奶量。一般全天奶量在 500 ~ 750 毫升,按每天喂 6 次计算,每次喂 75 ~ 125 毫升,孩子的活动量不同,每个孩子的食量也不同,这要根据每个孩子的具体情况确定,不能强求一致。

母亲平时要注意孩子的大便情况、体重增长情况、孩子的精神状态等。人工喂养的孩子每日喂奶的时间可以安排在早晨 5:00 时,上午 9:00 时,中午 13:00 时,下午 17:00 时,晚上 21:00 时,夜间 1:00 时。白天在两次喂奶中间,应加喂蔬菜水、鲜果汁水,每次 25 ~ 30 毫升。

孩子一般从出生后第 15 天开始服用鱼肝油和钙片,浓鱼肝油滴剂每次 1 ~ 2 滴,每天 3 次;钙片 1 ~ 2 片,每天 3 次。

蔬菜水和果汁水是给孩子增加维生素 C 的主要食品,由于各种乳品中维生素 C 的含量都不多,即便鲜牛奶,在煮沸过程中,所含的维生素损耗也很大,所剩无几,奶粉类食品更不必说了。所以菜水与鲜果汁就成了给婴儿补充体内所需的维生素的最好食品。

鲜果汁制作方法:如果家中有榨汁机的话,可将橘子、广柑等水果洗净去皮,加工后去渣加水和少量白糖,放入奶瓶中喂孩子。

番茄汁制作法:将熟透的番茄洗净,放在开水中烫一下,去皮切碎,放在榨汁机中用力挤压,使鲜汁流出,加少许白糖和水,放入奶瓶中喂孩子喝。

菜水制作方法:取少许新鲜蔬菜,如菠菜、油菜、胡萝卜、白菜等,洗净切碎,放入小锅中,放少量水煮沸,再煮 3 ~ 5 分钟。菠菜可少煮一会儿,胡萝卜可多煮一会儿。等到不烫手时，将汁倒出，加少量白糖，放入奶瓶给孩子食用。

给孩子饮用果汁、菜汁时，开始时量要小。加水要多，孩子适应之后，逐渐增加浓度。

能不能用市售的鲜橘汁、椰子汁等代替自制的果汁、菜水给孩子饮用呢？回答是不行的。一是因为市售的饮料或多或少都含有食品添加剂，不宜小婴儿饮用；二是因为市售饮料大多并不是水果蔬菜的原汁，而是配制成的，不能为婴儿补充所需的维生素，即使有些饮料含有少量原汁，经过反复消毒加工后，维生素所剩无几。因此，给孩子喝的果汁、菜水最好亲自做。

如何人工喂养1~2个月的婴儿

如果母亲完全没有母乳或者不能喂母乳，就应该实行人工喂养。母亲们应知道并不是没有母乳就不能抚养婴儿。尽管人工喂养比较麻烦，但只要注意好奶粉的调配就不会因细菌污染而引起婴儿腹泻，从而也能达到喂哺好婴儿的目的。

1. 人工喂养时不可喂过量

出生1个月后的婴儿在用牛奶喂养时，最重要的是不可喂过量，以免加重婴儿消化器官的负担。

牛奶喂养不足时婴儿会哭闹，告诉大人他饿了。然而牛奶喂多了，婴儿却不会发牢骚。食量大的婴儿即使是已经喝了足够的牛奶，也会显出还要喝的样子。如果父母认为牛奶量不够而逐渐增加牛奶，就会在不知不觉中喂多了，从而加重了婴儿消化器官的负担。

2. 人工喂养时喂多少牛奶合适

人工喂养大致的标准是:出生时体重在 3000～3500 克的婴儿,到 1 个月时每天喝奶 700 毫升左右,在 1～2 个月期间,每天喝 800 毫升左右。如果分成 7 次喂,每次喂 120 毫升;若是分作 6 次喂,则每次喂 140 毫升。

不过,这仅仅是一个大致的标准。因为经常哭闹的婴儿,会吃得更多,而经常安静地睡觉的婴儿却吃得很少。食量小的婴儿不吃到标准量也可以,食量大的婴儿可以吃到 150～180 毫升,但是最好不要喂到 150 毫升以上。如果喝了 150 毫升婴儿还哭闹,就在 30 毫升左右的温开水中加入一些白糖喂给婴儿。

需要注意的是:不要在奶粉中加入白糖喂婴儿,因为这样会使婴儿发胖。

3. 人工喂养时的一些注意点

用牛奶喂养的婴儿在这一时期,即使是每天排便 4～5 次,只要宝宝身体健康就不用担心。另外,不是每天排便的婴儿,可在牛奶中加入 2～3 克麦芽糖试一试,只要宝宝每天都排便就可以了。不过,若是没有达到这个标准,只要婴儿很健康地成长,母亲也不必放在心上。

在这一时期,一般需要把复合维生素加在奶粉中。因为平常简单的消毒方式是用热水消毒,而热水会破坏牛奶中的一部分维生素,所以需选用复合维生素或果汁来补充维生素。

如何混合喂养 1～2 个月的婴儿

当母乳分泌不足或由于某种原因不能完全用母乳喂养时,在母乳喂养后需要用代乳品来补充,若 1 天内需要用 1 次或数次代乳品来代替母

乳喂哺则称为混合喂养。

1. 如何计算婴儿所需的代乳品量

婴儿所需的代乳品的量是根据婴儿实际获得的母乳的量计算出来的。

测量婴儿在用母乳喂哺前后的体重（称量器的最小刻度以5克为宜），体重的增加量就是获得的母乳量，再用人工喂养方法计算出婴儿所需的奶量，从中减去已获的母乳量即是应用代乳品的量。

这里应该注意的是，一日之中，母乳的分泌量不会完全相同，早晨的会多于下午，所以应在上下午各测几次体重，取其平均值即可。

2. 混合喂养时也应坚持母乳喂养

在用代乳品补充的同时，母亲也应坚持授乳。按喂奶时间让婴儿吸空乳房，保证乳房按时得到婴儿吮吸的刺激，这有利于母乳分泌量的增加。当坚持哺乳后，乳汁仍不能满足婴儿食量时，最好采用混合喂养，但是不应放弃母乳喂养。如婴儿每天吃2~3次母乳，对婴儿的身体健康仍有较大益处。

如果乳母乳汁充足，只是由于某些原因不能授乳，也应该在相应的时间内挤掉母乳以保证乳房排空，从而分泌乳汁。否则会因乳房得不到刺激、没有排空而引发乳汁分泌不足。

3. 混合喂养的方法

混合喂养的效果比纯母乳喂养差，但比完全人工喂养好。根据混合喂养的原因不同，其喂养的方法也不同。

若是母乳不足而需的混合喂养，则应让婴儿每次先吃母乳，之后再给予人工喂哺，以补充母乳不足；若是其他原因引起的混合喂养，则可在两次授乳之间，人工喂养1次。

需要注意的是：混合喂养中，母乳喂养的次数每日不得少于3次，若

是每日减到只喂 1～2 次,就会影响到乳汁的分泌。

4. 乳母上班时的哺乳方法

若是乳母上班工作,不便按时哺乳,则可进行混合喂养。乳母最好仍按哺乳时间将乳汁挤出或用吸乳器将乳房吸空,以保证下次乳房充分泌乳。吸出的乳汁在可能的情况下,放置在冰箱中或其他凉爽的地方,注意清洁地存放起来,煮沸后仍可喂哺。但要注意乳汁挤出后存放时间一般不要超过 30 分钟。

1个月婴儿的保健

孩子晒太阳有好处

不论春夏秋冬,家长每天都要抱孩子晒太阳,因为在人体皮肤中含有一种维生素 D_3 源,这种物质经日光中紫外线的照射后,才能转变为维生素 D_3,这是人体维生素 D 的主要来源。维生素 D 的作用在于促使身体吸收钙、预防佝偻病。

晒太阳时,要尽量暴露孩子的皮肤,才能多接受紫外线。不要在室内晒太阳,因为玻璃挡住了大部分紫外线,隔着玻璃晒太阳,起不到应有的作用。

在炎热的夏季,不要让孩子接受日光的直射,强烈的日光照射皮肤对人体是有害的,可以选择上午 9:00～10:00 和下午 4:00～5:00,避开阳光最强烈的时刻。在寒冷的冬季,要选择天气较好的中午,抱孩子晒一晒太阳,但一定要注意保暖。

胎记是不是病

孩子出生乃至以后的一段时间里,可以见到身上有青色的斑块,这就是俗称的"胎儿青记"。胎记多见于孩子的背部、骶骨部、臀部,少见于四肢,偶发于头部、面部,形态大小不等,颜色深浅各有差异。这种青色斑是胎儿时期,色素细胞堆积的结果,对身体没有什么影响,随着年龄的增长,到儿童时期逐渐消退,不需要治疗。

要留意婴儿囟门

孩子在1岁半之内,头盖骨还没有发育好,头部各块颅骨之间留有缝隙。位于头部中间靠前一点的地方,有一块菱形间隙,一般斜径有2.5厘米左右,医学学名叫前囟。用手摸上去有跳动的感觉,这是头皮下的血管中血液在流动,不是病态。

有经验的人知道,孩子在生某些病时,囟门会发生变化,如吐泻严重、脱水的孩子会出现囟门凹陷的现象;如脑膜炎时,脑压增高,囟门会凸起。

囟门一般在1岁半左右闭合,如囟门闭合过早,可能是脑发育不良、小头畸形;若囟门闭合过晚,则可能是佝偻病或甲状腺功能低下(呆小病)。

月月谈 *YueYueTan*

不能用茶水喂药

茶是中国人最喜欢喝的饮料,具有提神、助消化和防癌等作用。尽管茶水有这些优点,但是不宜用茶水给孩子喂药。这是因为茶叶里含有鞣质,鞣质略带酸性,遇到某些药物,可引起化学反应,改变药性或发生沉淀,影响药物吸收,产生副作用。所以说不能用茶水给孩子喂药。

早期预防克汀病

克汀病是由于小儿体内缺少甲状腺素而引起的一种病。甲状腺素是人体生长发育必不可少的内分泌激素。小儿缺乏这种激素,就会影响小儿脑细胞和骨骼的发育。若在出生后到 1 岁以内不能早期发现与治疗,就会造成孩子终身智能低下和矮小。

克汀病主要病因有两种:一是某些地区缺乏微量元素碘,缺碘的妇女怀孕后,供给胎儿的碘就不足,导致胎儿期缺乏甲状腺素。二是孩子先天甲状腺功能发育不良。

怎样早期发现克汀病呢? 母亲应注意,在新生儿期,如果孩子黄疸持续不退,吃奶不好,反应迟钝,爱睡觉,很少哭闹,经常便秘,哭声与正常孩子不一样,声音嘶哑,便应请医生检查。如果延误诊断,到 2 ~ 3 个月时会发现更多的症状,例如舌大且常伸出口外,鼻梁塌平,脖子短,头发干而黄,且稀疏,皮肤干燥粗糙,肚子相对较大,这时便不可再耽误,一定要尽早请医生诊治。

治疗克汀病,必须争分夺秒,早一天给孩子用上甲状腺素治疗,孩子的智力发育就会好一些。

婴儿发育的重要指标

1. 体重

体重是表明婴儿健康的重要指标之一。新生儿的体重范围为 2.5 ~ 4.0 千克,在此范围内的新生儿均为正常。出生后头 3 个月婴儿体重增加最快,每月增 750 ~ 900 克;头 6 个月平均每月增 600 克左右;7 ~ 12 个月平均每月增重 500 克;1 岁时体重约为出生时体重的 3 倍。健康婴儿的体重无论增加或减少均不应超过正常体重的 10% ,超过 20% 就是肥胖症,减少 15% 以上,应考虑是否营养不良,须尽早请医生检查。

2. 身长

婴儿在出生后头 3 个月身长每月平均长 3 ~ 3.5 厘米,4 ~ 6 个月每月平均长 2 厘米,7 ~ 12 个月每月平均长 1 ~ 1.5 厘米。在 1 岁时约增加半个身长。小儿在 1 岁内生长最快,如果喂养不当,耽误了生长,就不容易赶上同龄儿身高。

3. 头围

1 岁以内是一生中头颅发育最快的时期,测量头围的方法是用塑料软尺从头后部后脑勺突出的部位量到前额眼眉上边(图 12)。小儿生后头 6 个月头围增加 6 ~ 10 厘米,1 岁时共增加 10 ~ 12 厘米。头围的增长,标志着脑和颅骨的发育程度。

4. 胸围

新生儿的胸部较圆,随着发育,前后径变短成为扁平的胸。胸围是用

图 12

软尺量乳头绕胸一周的长度（图12）。婴儿生后1年内胸围增加11～12厘米。因胸腔内主要是心脏和肺脏，所以胸围的增长和体格发育关系很大。若发现孩子胸部有明显凹陷或突起，应尽早请医生检查。

应选择合适的枕头

婴幼儿枕头长度应与其肩宽相等或稍宽些，宽度略比头长一点，高度约5厘米。枕套最好用棉布制作，以保证柔软、透气。枕芯应有一定的软度，可选荞麦皮或蒲绒的，塑料泡沫枕芯透气性差，最好不用。质地太硬的枕头，易使小儿颅骨变形，不利于头颅的发育；弹性太大的枕头也不好，小儿枕时，头的重量下压，半边头皮紧贴枕头，会使血流不畅。木棉枕、泡沫枕通风散热性能差，不适合夏天使用。

父母在为孩子选择枕头时，要从高度、硬度、通风、散热、排汗、不变形等各方面综合考虑。

不要用电风扇直吹婴儿

在酷暑盛夏季节,可不可以给孩子吹电风扇呢? 由于年龄越小的孩子,体温调节中枢越不完善,所以婴儿既怕热也怕冷。电风扇不断地吹会使孩子感冒、腹泻、消化不良。因此即使天气很热,电风扇也不要直接对着孩子吹,更不要离孩子很近,吹的时间也不能过长;还要避免风流固定在一个方向,最好是让风扇摇头旋转,风量开到最小,形成柔和的自然风,以降低室内温度、促进人体散热。

另外,在小儿吃饭、睡觉、大小便、生病的时候不要吹电风扇,小儿出汗较多时也不要吹电风扇,否则容易着凉生病。

必须给早产儿补充铁剂

铁是制造运输氧气的血红蛋白必不可少的成分,铁不足就会造成血红蛋白不足,引起贫血。

1. 早产儿体内铁含量不足

正常的足月儿从母体中吸收铁储存在肝脏中,可够用到 5 ~ 6 个月,但早产儿由于提前降生,从母体中吸收的铁剂量少,多在出生后 6 周就差不多用完了。而此时的婴儿骨髓造血功能尚未完善,因而极易发生缺铁性贫血。

2. 早产儿如何补充铁

早产的婴儿在出生 1 个月后就必须开始补铁。母乳中的铁比牛乳中

的铁生物效应高,易被消化,但是含量低,因此,只用母乳喂养的婴儿需到医生那里去开铁剂。

牛奶中铁的含量更低,所以早产儿,尤其是吃牛奶的早产儿、多胎儿,或是乳母患有缺铁性贫血的足月儿,从第 2 个月起就要开始补充铁剂以预防贫血。如果是吃强化高铁奶粉的婴儿,则不需另外补充铁剂。

严格地说,应该通过检测婴儿的血液来确定补铁量,然而婴儿一旦开始吃牛奶以外的东西就很难计算铁的摄取量了。随着婴儿的不断成长,辅助食品的不断增加,婴儿就可以从辅食中获取铁质了,但为了安全起见,出生后 1 年内早产儿都需补充铁质。

月月谈

YueYueTan

Part 3

宝宝2个月

2个月婴儿的发育特点

身体发育状况

2个月的孩子从外貌上看长大了许多。

体重　男婴约 6.03 千克　　女婴约 5.48 千克

身长　男婴约 60.30 厘米　　女婴约 58.99 厘米

头围　男婴约 39.84 厘米　　女婴约 38.67 厘米

胸围　男婴约 40.10 厘米　　女婴约 38.76 厘米

坐高　男婴约 40.00 厘米　　女婴约 39.05 厘米

月月谈

YueYueTan

动作发育状况

孩子仰卧时，大人稍拉其手，孩子的头可以自己稍用力，不完全后仰了。他的双手从握拳姿势逐渐松开。如果给他小玩具，他可无意识地抓握片刻。要给他喂奶时，他会立即做出吸吮动作。会用小脚踢东西。

语言发育状况

婴儿在有人逗他时，会发笑，并能发出"啊"、"呀"的语音。如发起脾气来，哭声也会比平常大得多。这些特殊的语言是孩子与大人的情感交流，也是孩子意志的一种表达方式，家长应对这种表示及时做出相应的反应。

感觉发育状况

当听到有人与他讲话或有声响时，孩子会认真地听，并能发出"咕咕"的应和声，会用眼睛追随走来走去的人。

如果孩子满 2 个月时仍不会哭、目光呆滞、对背后传来的声音没有反应，应该检查一下孩子的智力、视觉或听觉是否发育正常。

睡眠情况

2 个月的孩子睡眠较 1 个月的孩子要短些,一般在 18 个小时左右,白天孩子一般睡 3 ~ 4 次觉,每次觉睡 1.5 ~ 2 个小时,夜晚睡 10 ~ 12 个小时,白天睡醒一觉后可以持续活动 1.5 ~ 2 个小时。

心理发育状况

2 个月的孩子喜欢听柔和的声音。会看自己的小手,能用眼睛追踪物体的移动,会有声有色地笑,表现出天真快乐的状态。对外界的好奇心与反应不断增长。开始用咿呀的发音与你对话。

2 个月的孩子脑细胞的发育正处在突发生长期的第二个高峰的前夜,不但要有足够的母乳喂养,也要给予视、听、触觉神经系统的训练。每日生活逐渐规律化,如每天给予俯卧、抬头训练 20 ~ 30 分钟。宝宝睡觉的位置应有意识地变换几次。可让宝宝追视移动物,用触摸抓握玩具的方法逗引感知能力发育,可做婴儿体操等活动。

这个时期的宝宝最需要人来陪伴,当他睡醒后,最喜欢有人在他身边照料他、逗引他、爱抚他、与他交谈玩耍,这时他才会感到安全、舒适和愉快。

总之,父母的身影、声音、目光、微笑、抚爱和接触,都会对孩子的心理造成很大影响,对宝宝未来的身心发育,建立自信、勇敢、坚毅、开朗、豁达、富有责任感和同情心的优良性格,会起到很好的作用。

早期教育与训练

婴儿房间布置与综合感官训练

2个月的婴儿对周围的环境更有兴趣,他喜欢用目光追随移动着的颜色鲜艳明亮的玩具,特别是红色。对暗淡的颜色冷漠、不感兴趣,更喜欢立体感强的物体。

2个月的婴儿的视觉与听觉比以前灵敏了许多,此时,可以在孩子床上方25~50厘米处,悬挂色彩鲜艳的玩具,如各种彩色气球、彩色布玩具、灯笼、哗啷棒、花手帕等,但注意不要总将这些玩具挂在一起,要经常变换位置,以免引起孩子斜视。逗孩子玩时,可将玩具上下左右摇动,使孩子的目光随着玩具移动的方向移动,左右可达45°。这样做是促进孩子视觉发育的好方法,但应注意不要让强光直射孩子的眼睛。

为了促进孩子的听觉发育,可以给孩子多听音乐。妈妈也可以给孩子多哼唱一些歌曲,还可以用各种声响玩具逗孩子。声音要柔和、欢快,不要离孩子太近,也不要太响,以免刺激孩子引起惊吓。剧烈的响声,会对孩子产生不良刺激,而轻快悦耳的音乐,可使孩子精神愉快并得到安慰。每天给孩子做操时,可以给孩子播放适宜的乐曲,优美的旋律对孩子的智力发育十分有利。如果孩子经常自己躺在一边没人理睬、对他的要求不主动理解、没有哄逗,就会影响其心理发育,表情会显得呆板,反应相对迟钝。

婴儿健身操

1. 屈腿运动

两手分别握住婴儿的两个脚腕,使婴儿两腿伸直,然后使婴儿两腿同时屈曲,使膝关节尽量靠近腹部。连续重复3次(图13)。

2. 俯卧运动

使婴儿呈俯卧姿态,两手臂朝前,不要压在身下,母亲站在婴儿前面,用玩具逗引孩子,孩子自然将头抬起。为了避免孩子劳累,开始一次只练半分钟,逐渐延长,1日1次即可(图14)。

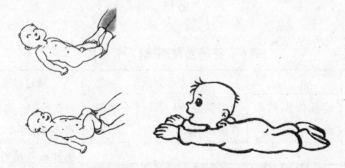

图13　　　　　　　　图14

俯卧不仅能锻炼颈肌、胸背部肌肉,还可增大肺活量,促进血液循环,有利于呼吸道疾病的预防,并能扩大孩子可视范围,能从不同的角度观察到新的事物,有利于智力发育。

3. 扩胸运动

婴儿仰卧,母亲握婴儿手腕,大拇指放在婴儿手心里,让婴儿握住。

首先让婴儿两臂左右分开,手心向上,然后两臂在胸前交叉,最后还原到开始姿势。连续做 3 次(图 15)。

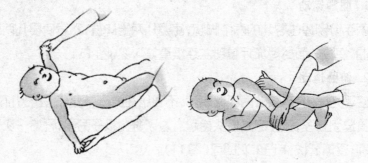

图 15

表6　智能发育测试(2 个月)

分　类	项　目	测评方法	通过标准
大动作	俯卧抬头离床面 45°	宝宝俯卧,双手放在头两侧,在前面用玩具逗引	可自行抬头离床面,面部与床呈 45°
	注视自己的手	宝宝仰卧,让手臂能自由活动	手臂在眼前注视 5 秒以上
精细动作	把小手放进嘴里	宝宝仰卧,让手臂能自由活动	主动将手放进嘴里

续　表

分　类	项　目	测评方法	通过标准
认知能力	追视玩具超过90°（过中央线）	宝宝仰卧，距眼20厘米摇动一红线球（直径10厘米），引起其注意，然后慢慢将球移向头的一侧，再由一侧经过中央移向另一侧	眼或头随红球转动>90°
言　语	会发ɑ、o、e等单个韵母	面对宝宝，用丰富的表情和亲切的语言逗引他	会发ɑ、o、e等音
情绪与社会行为	笑出声音	用玩具或语言逗引宝宝，但是要接触其身体	能发出"咯咯"的笑声
	"天真快乐"反应	宝宝仰卧，家长站在宝宝面前，不要逗引宝宝，观察他的表现	见人能自动微笑、发声或挥手蹬脚，表现出快乐的神情

2个月婴儿的喂养特点

对2个月的孩子仍应继续坚持母乳喂养。无条件母乳哺乳的,2个月的孩子仍应每隔4个小时喂奶1次,每天共喂6次。牛奶喂养的孩子奶量每次约100毫升左右,即使吃得再多的孩子,全天总奶量也不能超过1000毫升。如果孩子仍吃不饱,可以加健儿粉或糕干粉,每100毫升奶中加3~5克即可,放在奶中一起熬好。

2个月婴儿的辅食仍是果汁、菜水,每次1~2匙,每天1~2次。

浓鱼肝油仍每天3次,每次2滴;钙片每天2~3次,每次2片。

合理添加蔬菜水和鲜果汁

对混合喂养和人工喂养的孩子,应适量添加蔬菜水和新鲜的果汁,用以补充牛奶加工过程中损失的维生素C。一般每日2次,在喂奶间隙喂入。

人工喂养全牛奶的缺点

人工喂养全牛奶有以下缺点：

（1）容易污染，配制时极易遭细菌污染；

（2）牛奶中维生素含量不能满足婴儿需要，而且牛奶中铁不能完全被婴儿吸收；

（3）牛奶中钠盐过多，不适合婴儿；

（4）牛奶中含较多的饱和脂肪酸，缺少促使婴儿大脑发育的胆固醇；

（5）牛奶中含有较多的不易被消化吸收的蛋白质；

（6）光吃牛奶的婴儿容易发生过敏，如易患湿疹、哮喘等。

2 个 月 婴 儿 的 保 健

预防接种

孩子满 2 个月的时候，应该服用第一丸小儿麻痹糖丸了。这种糖丸是用来预防小儿麻痹症疾病的，若不服用这种糖丸，孩子患小儿麻痹症的几率很高。

小儿麻痹症这种病，在医学上称为"脊髓灰质炎"，是脊髓灰质炎病

月月谈 YueYueTan

毒引起的。这种病毒经口进入胃肠,可侵犯脊髓前角,引起肢体瘫痪,致终生残疾。

　　脊髓灰质炎疫苗即小儿麻痹糖丸,是由减毒的脊髓灰质炎病毒制成的。小儿口服糖丸后,身体内就会形成抵抗脊髓灰质炎病毒的抗体,而免于此病的发生。因此每个小儿都应在规定的时间内按时服用。

　　根据免疫预防接种程序,满2个月的婴儿开始第1次服用脊髓灰质炎三价混合疫苗,满3~4个月时分别服第2次和第3次,4岁时再服一次。这样就可以获得较强的抵抗脊髓灰质炎病毒的免疫力,不患小儿麻痹症了。

　　糖丸要立即给孩子服用,不要放置,以免失效。服用的方法是:将糖丸捣烂,用凉水溶化,千万不要用热水溶,以免把糖丸病毒烫死而失去免疫作用,然后用小勺给孩子喂下。服药后1个小时内,不能喂热开水。

　　什么情况下不能服用糖丸呢?近期发烧、腹泻或有先天免疫缺陷及其他严重疾病的婴儿均不能服用,以免引起不良反应或加重病情。

孩子吐奶缘由

　　有的孩子生后就有吐奶的毛病,到第2个月还是经常吐奶,有的吃完奶一会儿就吐,有的吃完奶20分钟左右吐。这是怎么回事呢?原来人的胃有两个口,上口叫贲门,下口叫幽门。贲门和食管相连接,幽门和十二指肠相连接。小儿在生长中,贲门肌发育较松弛,而幽门肌容易痉挛。孩子吐出的奶呈豆腐脑状,这是奶蛋白在胃酸作用下形成乳块的结果。

　　对常常吐奶的孩子要少喂一些,喂奶以后要多抱一会儿。抱的姿势是使婴儿上半身立直,趴在大人肩上,然后用手轻轻拍打孩子背部,直到孩子打嗝将胃内所含空气排出为止。这时轻轻把孩子放在床上,枕部高一些,向右侧卧,这样可以减少吐奶。吐奶是生理现象,不必管它,随着年龄的增长和身体不断发育,会自行缓解。

如果吐奶频繁且呈喷射状,吐出的除了乳块还伴有黄绿色液体及其他东西,一定不可忽视,要及时到医院检查。

吃钙片 ≠ 预防佝偻病

单纯地给孩子吃很多钙片并不能预防佝偻病,必须在适量的维生素 D 的促进下,才能使身体吸收的钙达到抗佝偻病的效果。

人体食入维生素 D 后,经过肝脏、肾脏的代谢,转变为有活性的维生素 D,才能使肠道吸收的钙、磷进入血液,维持血液中钙的正常浓度,并能将钙、磷输送到骨骼。所以说,只吃钙片不吃维生素 D 达不到预防佝偻病的目的。

婴儿戴手套危险

2 个月的孩子比较活泼爱动了,但还不能控制手脚定向运动,有时会把自己的小脸蛋抓破。有的家长为了防止出现这种情况,就给孩子戴上小手套。其实这种做法是比较危险的,这是因为手套毛边的棉线,很容易绕到嫩小的手指上。手指越动,线勒得越紧,很快婴儿的手指会因为血液循环受阻,缺血而坏死。轻者可引起指端脱落致残,重者可引起骨髓炎、败血症等。

月月谈
YueYueTan

怎样预防孩子睡偏了头

　　孩子出生后,头颅都是正常对称的,但由于婴幼儿时期骨质密度低,骨骼发育又快,所以在发育过程中极易受外界条件的影响。如果总把孩子的头侧向一边,受压一侧的枕骨就变得扁平,出现头颅不对称的现象。

　　1岁之内的婴儿,每天的睡眠占了一大半,甚至2/3的时间,因此,要防小儿睡偏了头,首先是注意孩子睡眠时的头部位置,保持枕部两侧受力均匀。另外,孩子睡觉时容易习惯于面向母亲,在喂奶时也把头转向母亲一侧。为了不影响孩子颅骨发育,母亲应该经常和孩子调换位置,这样,孩子就不会总是把头转向固定的一侧了。

Part 4
宝宝3个月

3个月婴儿的发育特点

身体发育状况

体重	男婴约 6.93 千克	女婴约 6.24 千克
身长	男婴约 63.35 厘米	女婴约 61.53 厘米
头围	男婴约 41.25 厘米	女婴约 39.90 厘米
胸围	男婴约 41.75 厘米	女婴约 40.05 厘米
坐高	男婴约 41.69 厘米	女婴约 40.44 厘米

月月谈 YueYueTan

动作发育状况

　　3个月的孩子,头能够随自己的意愿转来转去,眼睛随着头的转动而左顾右盼。大人扶着孩子的腋下和髋部时,孩子能够坐着。让孩子趴在床上时,他的头已经可以稳稳当当地抬起,下颌和肩部可以离开床面,前半身可以由两臂支撑起。当他独自躺在床上时,会把双手放在眼前观看和玩耍。扶着腋下把孩子立起来,他就会举起一条腿迈一步,再举另一条腿迈一步,这是一种原始反射(如图16)。到6个月时,扶他直立,他的下肢能支撑他的全身。

图16

语言发育状况

　　3个月的孩子在语言上有了一定的发展,逗他时会非常高兴并发出欢快的笑声,当看到妈妈时,脸上会露出甜蜜的微笑,嘴里还会不断地发出咿呀的学语声,似乎在向妈妈说着知心话。

感觉发育状况

3 个月的孩子视觉有了发展,开始对颜色产生了分辨能力,对黄色最为敏感,其次是红色,见到这两种颜色的玩具很快能产生反应,对其他颜色的反应要慢一些。这么大的孩子就已经认识奶瓶,一看到大人拿着它就知道要给自己吃奶或喝水了,会非常安静地等待着。在听觉上,发展也较快,已具有一定的辨别方向的能力,听到声音后,头能顺着响声转动180°。

睡眠情况

3 个月的孩子每日睡眠时间是 17~18 个小时,白天睡 3 次,每次 2~2.5 个小时,夜里可睡 10 个小时左右。

心理发育状况

3 个月的孩子喜欢从不同的角度玩自己的小手,喜欢用手触摸玩具,并且喜欢把玩具放在口里试探着什么。能够用"咕咕噜噜"的语言与父母交谈,有声有色地说得还挺热闹。会听自己的声音。对妈妈显示出格外的偏爱、离不开。

月月谈 *YueYueTan*

　　此时,要多进行亲子交谈,如跟孩子说说笑笑或给孩子唱歌,或用玩具逗引,让他主动发音,要轻柔地抚摸他、鼓励他。

早期教育与训练

智力发展与环境设置

　　孩子的智慧在他的手指上。手不仅是运动器官,也是智能器官。俗话说"心灵手巧",要锻炼孩子的智力,就要让他尽量多触摸各种不同质地、形状的玩具。如小铃铛、积木块、塑料球等东西,还可以给他看一些颜色艳丽的图画,以促进他的视觉发展。这种手眼协调活动是一种特殊的技能,需要宝宝大脑皮层中的感觉中枢与运动中枢协调配合。

　　将色彩鲜艳、有响声、稍大一些的玩具,固定在他床的上方,宝宝稍用力就可以触摸到的位置。每次吊放 2～3 个,隔几天再换几个新鲜的玩具。这样不但能注视玩具,还能够摸到玩具,增加孩子的兴趣。可以用镜子逗引他,这样可锻炼他抬头挺胸,来观赏镜中的自己。锻炼孩子努力用上臂支持身体的能力。

教育与训练

　　3 个月的孩子由于神经系统的发育,双手抓握东西已出现了随意性的变化,去抓自己想要的东西。对颜色有了初步的分辨能力。视觉也有了一定的发展,视野范围由原来的45°扩大到180°。在语言上也有了一定的进步。根据这些特点,可以在孩子床上距离孩子能用手抓到的高度系上各种色彩鲜艳的小玩具,当婴儿伸手去抓时,玩具被碰得来回摆动,发出声响,孩子会很高兴。由此锻炼孩子的眼、耳、手的协调能力。另外可以让孩子趴在床上或桌子上,孩子的双手可以支撑起上半部身体,头部也能抬高,这样可以促进血液循环和呼吸功能的发育,也为以后的爬行打下了基础。此时,还可以在孩子面前放一些能引起他注意的玩具,他想用手去抓,颈部、胸部肌肉都在用力,从而锻炼这两部位的肌力。还可以锻炼孩子坐在妈妈的怀中,但时间不能太长。孩子处在坐位时,头还有点摇摆不定。但也有的婴儿颈肌比较发达,立抱时,头能保持很稳。为了锻炼孩子的手劲,可以先把哗啦棒放在他手里,开始时,孩子握住的时间很短,以后逐渐能握很长时间。

要经常和孩子多说话,虽然孩子还不会说话,也不理解语言的意思,但是反复地把一些语言输送到孩子大脑皮层、贮存起来,可以为以后的语言教育打下良好的基础。

3个月婴儿的健身操

3个月的孩子要保证有室外活动的时间,在天气好的情况下,可以在室外活动10~30分钟,家长要坚持给孩子做操,除了前面学过的动作外,可以增加两个动作。

1. 伸展运动

准备姿势:婴儿仰卧,母亲双手握住婴儿手腕,把婴儿两臂放在体侧

月月谈 YueYueTan

（图17）。

　　拉婴儿两臂在胸前呈前平举。掌心相对；然后使婴儿两臂向两侧放斜上举；再拉婴儿两臂在胸前呈平举，掌心相对；最后还原。以上动作重复2遍。

图17

2. 两腿上举运动

　　婴儿仰卧，母亲拇指在下，其他四指在上，握住婴儿小腿，使两腿伸直。把婴儿两腿上举。与腹部成直角，然后还原，连续做2遍。

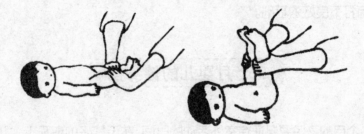

图18

表7　智能发育测试(3个月)

分　类	项　目	测评方法	通过标准
大动作	俯卧抬头离床面90°	宝宝俯卧,两臂放在头两侧,前面用玩具逗引	头抬离床并与床面呈90°
	头能竖直且平稳	抱直宝宝,观察其头竖直情况	竖直超过10秒钟
	俯卧前臂撑	起宝宝俯卧,两臂放在头两侧,前面用玩具逗引	用张开的双手或前臂支持身体,脸正视前方
	仰卧转为侧卧	宝宝仰卧在平板床上,用玩具在一侧逗引	不用帮助,自己能从仰卧翻成侧卧
精细动作	手握着手	宝宝仰卧,穿着宽松,使手臂能自由活动,观察两手在胸前的位置	两手在胸前接触、互握
	握住拨浪鼓半分钟	宝宝仰卧,将拨浪鼓或带细柄的玩具塞入宝宝的手中	握住玩具半分钟
认知能力	眼随玩具移动180°	宝宝仰卧,距眼20厘米处摇红线球(直径10厘米)引起其注意,然后慢慢将球移到头的一侧,再由一侧经过中央移向另一侧(180°)	眼或头随红球转动180°
言　语	与人"交谈"	宝宝仰卧,家长与其面对面,用丰富的表情和亲切的语言逗引宝宝发音	能"一问一答"地发出声音

分　类	项　目	测评方法	通过标准
情绪与 社会行为	认妈妈高兴	宝宝见到母亲时,观察其是否有特殊表现,如发出声音、急切地看或挥动手脚表示愉快	能表现出对母亲的偏爱

3 个月婴儿的喂养特点

这一时期提倡纯母乳喂养。

婴儿在这一时期里生长发育是很迅速的,食量增加。当然每个孩子因胃口、体重等差异,食入量也有很大差别。做父母的,不但要注意到奶量多少,而且还要注意奶质量的高低。母乳喂养要注意提高奶的质量,有的母亲只注意在月子中吃得好,忽略哺乳期的饮食或因减肥而节食,这是错误的。孩子要吃妈妈的奶,妈妈就必须保证营养的摄入量,否则,奶中营养不丰富,直接影响到婴儿的生长发育。3 个月是孩子脑细胞发育的第二个高峰期(第一个高峰期在胎儿期第 10～18 周),也是身体各个方面发育生长的高峰,营养的好坏关系到今后的智力和身体发育,因此一定要提高母乳的质量。

孩子宜多喂水

水是人体中不可缺少的重要物质,也是组成细胞的重要成分,人体的新陈代谢,如营养物质的输送、废物的排泄、体温的调节、呼吸等都离不开水。水被摄入人体后,有 1% ~ 2% 存在体内供组织生长的需要,其余经过肾脏、皮肤、呼吸、肠道等器官排出体外。水的需要量与人体的代谢和饮食成分相关,小儿的新陈代谢比成人旺盛,需水量也就相对要多。3 个月以内的婴儿肾脏浓缩尿的能力差,如摄入食盐过多时,就会随尿排出,因此需水量就要增多。母乳中含盐量较低,但牛奶中含蛋白质和盐较多,故用牛乳喂养的小儿需要多喂一些水,来补充代谢的需要。总之孩子年龄越小,水的需要量就相对要多。一般婴幼儿每日每千克体重需要 120 ~ 150 毫升水,如 5 千克重的孩子,每日需水量是 600 ~ 750 毫升,这里包括喂奶量在内。

为什么不能只用米粉喂养婴儿

母乳不足或是牛奶不够,可加些米粉类食品用作婴儿食品的补充,但决不可只用米粉喂养婴儿。

1. 米粉的成分

市场上名目繁多的干粉、健儿粉、米粉、奶糕等,都是以大米作主料制成的。其中含 79% 的糖,5.6% 的蛋白质,5.1% 的脂肪及 B 族维生素等,米粉的这种营养素含量根本不能满足婴儿生长发育的需要。

月月谈 *YueYueTan*

2. 只喂婴儿米粉对婴儿生长发育有何影响

如果只用米粉类食物代替乳类及乳制品喂养,婴儿就会出现蛋白质缺乏症,不仅生长发育迟缓,影响婴儿的神经系统、血液系统和肌肉的增长,而且婴儿体质较弱、抵抗力低下,婴儿体内免疫球蛋白不足,容易患病。

长期用米粉喂养的婴儿,身高增长缓慢,但体重并不一定减少,反而又白又胖,皮肤被过多摄入的糖类转化成的脂肪充实得紧绷绷的,医学上称这为泥膏样。但这种婴儿外强中干,常患有贫血、佝偻病,易感染支气管炎、肺炎等疾病。

3. 为什么 3 个月内的婴儿不宜喂米粉

有些父母,在新生儿期就给新生儿加用米粉,这更不合适。因为新生儿唾液分泌少,其中的淀粉酶尚未生成,而胰肠淀粉酶要在婴儿 4 个月左右才能达到成人水平,所以 3 个月内的婴儿更是不宜加米粉类食品。

3 个月以后可适当喂些米粉类食品,这对婴儿胰肠淀粉酶的分泌会有促进作用,也便于唾液中淀粉酶的利用。但也不能只用米粉类喂养,即使与牛奶混合喂养婴儿也应以牛奶为主,米粉为辅。

4. 米粉的正确喂法

米粉中蛋白质和脂肪的含量很低,质量也较差,满足不了婴儿生长发育的需要。但在牛奶中加入少量米粉的食用方法对婴儿是有益的。

牛奶中蛋白质含量较高,其中酪蛋白占 80% ,乳蛋白占 20% 。酪蛋白在进入人体后,遇到胃酸易形成凝块,不易消化。而在牛奶中加入米粉后形成了柔软而疏松的酪蛋白凝块,易于被人体消化吸收。所以正确的喂法是牛奶加米粉。

糕干粉等淀粉制品不能代乳

糕干粉是一种以淀粉为主要成分的婴儿食品,其中含糖 7.9%、脂肪 5.1%、蛋白质 5.6%,蛋白质与脂肪的含量很低,质量也较差,因此满足不了孩子生长发育的需要。但在牛奶中加入少量糕干粉的食用方法对孩子是有益的。牛奶中加入糕干粉形成了柔软而疏松的酪蛋的凝块,易于消化。

维生素 C 的重要性

维生素 C 主要来源于新鲜的蔬菜和水果,因婴儿不能食入蔬菜,所以容易造成维生素 C 的缺乏。一般每 100 毫升母乳含维生素 C 2 ~ 6 毫克。但牛奶中维生素 C 含量较少,经过加热煮沸,又被破坏了一部分,就所剩无几了。所以要注意给孩子增加一些绿叶菜汁、番茄汁、橘子汁和鲜水果泥等。这些食品中均含有较丰富的维生素 C。维生素 C 在接触氧、高温、碱或铜器时,容易被破坏。因而给孩子制作这些食品要用新鲜的水果蔬菜,现做现吃,既要注意卫生,又要避免过多地破坏维生素 C。

怎样添加蛋黄

3 ~ 4 个月的孩子应该添加含铁较丰富,又能被婴儿消化吸收的食

品,鸡蛋黄是最适合的食品之一。开始时将鸡蛋煮熟,取 1/4 蛋黄用开水或米汤调成糊状,用小匙喂,以锻炼婴儿用匙进食的能力。婴儿食后无腹泻等不适后,再逐渐增加蛋黄的量,半岁后便可食用整个蛋黄乃至整个鸡蛋了。人工喂养的婴儿,最好在第 2 个月开始加蛋黄,可将 1/8 个蛋黄加少许牛奶调为糊状,然后将一天的奶量倒入调好的糊中,搅拌均匀。煮沸后,再用文火煮 5 ~ 10 分钟,分次给孩子食用。如婴儿无不良反应,可逐渐增加一些蛋黄的量,直至加到 1 个蛋黄为止。应当注意的是,奶煮熟后放凉,要存入冰箱中,每次食用时都要煮开,以免孩子食入变质的牛奶引起不良后果。

乳母益食食品

孩子从出生到 1 周岁,宝宝的脑发育是很快的。几乎每月平均增长 1000 毫克。在头 6 个月内,平均每分钟增加约 20 万个脑细胞。也就是出生后第 3 个月是脑细胞生长的第二个高峰。所以为了宝宝的聪明程度,每个哺乳的妈妈一定要注意营养,以提高自己母乳的质量。

下面介绍几种供母亲食用的,有利于小儿健脑益智的食品:

动物脑、肝、鱼肉、鸡蛋、牛奶、大豆及豆制品、苹果、橘子、香蕉、核桃、芝麻、花生仁、榛子、各种瓜子、胡萝卜、黄花菜、菠菜、小米、玉米等。

月月谈
YueYueTan

3 个 月 婴 儿 的 保 健

预防接种

孩子在 2 个月时已经服用了小儿麻痹糖丸（脊髓灰质炎三价混合疫苗）的第一丸,3 个月时要继续服用第二丸。

从本月开始,要给孩子注射三联针（百日咳菌苗、白喉类毒素、破伤风类毒素混合剂）。这种预防针要打三次,每次间隔 30 天,在 3 个月内连续注射完毕,才能达到预防的目的。为什么这种针要连续打三次呢？因为注射一次产生的抗体维持的时间较短,必须连续注射,才能使机体产生一定的抗体,达到足够的抗病能力。注射三联针后,大部分孩子都有轻度的发热反应,这没关系,如果体温超过 38.5℃,可服一次退热药,1～2 日后体温可恢复正常。什么情况不能注射三联针呢？孩子发热不适的情况下暂时不能注射,待病愈后再注射。另外,有过敏体质的孩子、脑神经系统发育不正常的孩子、脑炎后遗症或癫痫的孩子均不能接种,以免发生抽风等意外情况。

早期预防肥胖措施

在人们生活水平不断提高和各种营养品不断诞生的今天，一些家长往往不注意孩子营养的均衡，因而造成"小胖子"也越来越多。这些肥胖的小儿到成年后各种疾病的隐患也就越多。

什么样的程度才叫肥胖呢？医学上通常把超过同龄同身高正常体重20%的儿童称为肥胖症。过多的脂肪不仅对机体是一个沉重负担，对心理也会造成一定程度的损害。

肥胖的小儿不爱户外活动，在小儿群体中易成为同伴们取笑的对象。随着年龄的增长，容易在心理上产生压力，出现自卑感，形成孤僻的不良性格特征。到成年后还会给生理健康带来许多隐患。如高血压、糖尿病、动脉粥样硬化、冠心病、肝胆疾患及一系列与之密切相关的疾患。

肥胖小儿由于脂肪组织过多、皮肤皱褶加深，若护理不当容易因局部潮湿引起皮肤糜烂或产生疖肿。

小儿肥胖并不是健康的指征。在婴儿期尤其是从胎儿第30周至出生后1岁末，是脂肪细胞增殖的活跃期，若此时营养过盛，可使过多脂肪细胞一直留在体内，因为这些脂肪细胞体积大、基数过大，引起的肥胖征难以治愈。因此肥胖症应早期预防。

此外，小儿肥胖与遗传有关。父母中1人肥胖，孩子出现肥胖率约为40%。若父母双方均是肥胖者，小儿肥胖可达70%。预防肥胖对有肥胖家族史的孩子尤其重要。

★ **预防方法主要有：**

（1）坚持母乳喂养至少 4 个月。

（2）最好 6 个月前不喂固体食物。

（3）合理喂养。营养品种多样化，均衡热量摄入应按照月龄需要喂养，保证正常生长发育为好。

（4）1～3 岁期间饮食需要有规律，不要用哺喂的方法制止非饥饿性的哭闹。

（5）小儿生长发育阶段需要大量蛋白质供应，对于肥胖孩子要减少其动物性脂肪和糖类的摄入，注意及早锻炼身体、多活动。

怎样防治婴儿的夜啼

婴儿夜间惊哭，称为"夜啼"。中医认为以心、肝两经蕴热为多，一般多因喂养不当、食积有热，或受惊吓而引起。"夜啼"症状较轻时如失去治疗机会，往往易成顽症。如因各种疾病（如疳积、虫症、营养不良等）引起的夜啼症，则应治疗原发病。一般夜啼饮食调理宜以清热泄火、治肝散热、宁神镇惊为主。

以下营养食谱可进行辅助治疗。

（1）红枣桂圆粥：将洗净的粳米 50 克入热水中煮开，把洗净的红枣、桂圆肉 10 克加入共熬成粥。桂圆肉主五脏邪气、安神，大枣、粳米都有安神定惊和中理脾的作用。此粥，有和中理脾的作用。此粥适合夜啼不睡和受惊导致夜睡不宁的小儿。

（2）百合莲子粥：将百合 50 克、带芯的莲子 30 克放入锅中，加适量米烧开，再将洗净的粳米 100 克放入熬成粥，待粥要出锅时，加入红糖稍煮。百合味甘、微苦、性微寒，能润肺止咳、清心安神。

Part 5

宝宝 4 个月

4 个 月 婴 儿 的 发 育 特 点

身体发育状况

体重	男婴约 7.52 千克	女婴约 6.87 千克
身长	男婴约 65.46 厘米	女婴约 63.88 厘米
头围	男婴约 42.30 厘米	女婴约 41.20 厘米
胸围	男婴约 42.68 厘米	女婴约 41.60 厘米
坐高	男婴约 42.72 厘米	女婴约 41.56 厘米

动作发育状况

4个月的孩子做动作的姿势较前熟练了，而且能够呈对称性。抱在怀里时，孩子的头能稳稳地直立起来。俯卧位时，能把头抬起并和肩胛成90°。拿东西时，拇指较前灵活多了。扶立时两腿能支撑着身体。

牙齿萌发状况

有的孩子已长出1～2颗门牙。

语言发育状况

这个时期的孩子在语言发育和感情交流上进步较快。高兴时，会大声笑，声音清脆悦耳。当有人与他讲话时，他会发出"咯咯咕咕"的声音，好像在跟你对话。此时孩子的唾液腺正在发育，经常有口水流出嘴外，还出现把手指放在嘴里吸吮的毛病。

感觉发育状况

4个月的孩子对周围的事物有较大的兴趣，喜欢和别人一起玩耍。

能识别自己的母亲和面庞熟悉的人以及经常玩的玩具。

睡眠情况

4个月的孩子睡眠时间每日在16～17个小时,白天睡3觉,每次睡2～2.5个小时,夜间睡眠10个小时左右。

心理发育状况

4个月的孩子喜欢父母逗他玩,高兴了会开怀大笑,会自言自语,似在背书,咿呀不停。会听儿歌且知道自己叫什么名字。能够主动用小手拍打眼前的玩具,见到妈妈和喜欢的人,知道主动伸手要求抱。对周围的玩具、物品都会表现出浓厚的兴趣。

早期教育与训练

室内布置与综合感官训练

宝宝已经4个月了,很有必要改变一下他周围的生活环境。重新布置的房间要有新鲜感,物品要多样化,以提高宝宝的观察能力。有关资料

显示,在明快的色彩环境下生活的婴儿,其创造力比在普通环境下生活的婴儿要高出许多。白色会妨碍孩子的智力创新,而红色、黄色、橙色、淡黄色和淡绿色等却能发展孩子的智力拓展。

教育与训练

4个月的孩子显得很懂事了,喜欢让人抱,会把头转来转去地找人,如没人在身边会不高兴、又哭又闹。这时期可以给孩子买些有趣的玩具,如电动狗熊、花狗等,打开开关可以移动,并伴有音响,孩子会认真地观察玩具。当孩子仰卧位时,喜欢双手相握,在眼前玩耍,给孩子一个哗啷棒,他会两手一起拿在眼前玩弄,还会用力摇晃哗啷棒,这说明孩子的眼、耳、手的协调功能发展了。

当有人逗他时,会大声发笑;如果不高兴,他会以大哭大叫来向人发脾气。家长要尽量多与孩子说话,给孩子播放优美的音乐,使孩子头脑中贮存更多的语言信息。

4个月的宝宝。在抱着的时候,头能完全挺起,可以竖抱了。俯卧时能抬头挺胸,两上肢能支撑起上半身,两臂灵巧自如,两侧动作对称。抓握玩具不但较前牢固,而且双手都可抓起,抓到一张纸时会揉搓成一团,抓到带响的玩具会胡乱摆动。此时的孩子,还不能用指头活动,5个手指头没有分工;眼睛不协调,能看到的不一定能拿到。这时要把玩具放在孩子面前,不但让他看到,而且还要让他用手摸到,训练他眼与手的协调能力。

4个月的孩子下肢更加有力了,躯体肌肉也更加增强了,仰卧位时,手脚乱动,用力翻身但还翻不过来,但可以从侧卧位转为仰卧位。可以扶着坐在母亲怀中10～15分钟,时间不要太长,以免造成脊柱畸形。

4个月婴儿的健身操

4个月的孩子可以做后屈运动和仰卧起坐健身操了。

1. 后屈运动

让婴儿俯卧,两手握住婴儿小腿。将腿提起45°,然后放下,连续做2遍(图19)。

图19

2. 仰卧起坐

让婴儿仰卧,两手握住婴儿手腕,拉孩子坐起,然后还原,连续做2遍(图20)。

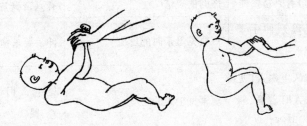

图20

表8　智能发育测试(4个月)

分　类	项　目	测评方法	通过标准
大动作	会翻身(仰卧变俯卧)	宝宝仰卧,用玩具在其一侧逗引	能从仰卧翻成侧卧再俯卧
	扶髋能坐	抱宝宝坐在大人腿上,用两手扶住其腰下的髋部	能靠大人的帮助自己坐稳5秒以上
精细动作	主动够取桌面上距手2.5厘米的玩具并紧握	抱坐,将玩具如摇铃放在桌面上距手2.5厘米处	主动够取桌面上距手2.5厘米的玩具并紧握
认知能力	头转向声源	抱坐,在距宝宝耳侧水平方向15厘米处摇铃	能转头找到声源
言　语	大声笑	逗引宝宝,如胳痒、抱到户外等,引起愉快情绪	笑声响亮
	独自一人咿呀作语	宝宝独自一人安静时观察其发音	"咿咿呀呀"自言自语,无意义
情绪与社会行为	见食物(母亲乳房)有兴奋模样	观察宝宝见到母亲乳房或奶瓶时的表情	见食物两眼盯着看有兴奋表情
	见母亲伸手要抱	观察见母亲时的反应	伸手要求抱
	辨认生熟人(见生人盯着看、躲避、哭等)	观察见生人的反应	见生人盯着看、躲避、哭

乳汁的味道对婴儿进食的影响

　　乳汁的味道能影响婴儿的"胃口"，而饮食又会影响母乳的味道。

　　美国一所研究中心对几位乳母进行了一项实验，结果发现，母亲饮用含酒精的果汁后，她们的乳汁也带点酒精味，婴儿不爱吃，体重也会减轻。虽然乳汁的酒精成分极微，但婴儿也会有"醉"的反应，睡眠的时间变得短而频。

　　实验还发现：带蒜汁味的乳汁似乎是婴儿喜爱的食物，婴儿吸吮的次数频密，时间也长。

准备添加辅食

　　4～6个月的婴幼儿在行为上和生理上，会发出准备学习新进食技巧的讯号。在这个阶段可添加固体食物，这标志着宝宝的成长迈上了一个新台阶。接触新的口感和味道之时，刺激宝宝学习在嘴里移动食物。另外在这一年龄时期添加食物的另一重要因素是，宝宝从母体内带来的铁含量已开始逐渐减少，需要从饮食中得到补充。单纯母乳喂养已经不能

月月谈 YueYueTan

满足孩子生长的需要了,如果您发觉宝宝体重不再增加,吃完奶后还意犹未尽,这可能就是该添加固体食物的时候了。不过最好请医生指导一下。

4 个月的孩子食入量差别较大。此时仍希望能坚持纯母乳喂养。如果人工喂养,一般的孩子每餐 150 毫升就能够吃饱了,而有的生长发育快的孩子,食奶量就明显多于同龄儿童,一次吃 200 毫升还不一定够,有的还要加糕干粉等。当孩子能吃一些粥时,可将奶量减少一些,但是这么大的孩子还是应该以奶为主要食品。

4 个月的孩子除了吃奶以外,要逐渐增加半流质的食物,为以后吃固体食物做准备。婴儿随年龄增长,胃里分泌的消化酶类增多,可以食用一些淀粉类半流质食物,先从 1 ~ 2 匙开始,以后逐渐增加,孩子不爱吃就不要喂,千万不能勉强。加大米粥等食物的那一餐,可以停喂一次糕干粉。

4 个月的孩子容易出现贫血,这是因为从母体中带来的微量元素铁已经消耗掉,如果日常食物比较单一,便跟不上身体生长的需要。因此要在辅食中注意增补含铁量高的食物,例如蛋黄中铁的含量就较高,可以在牛奶中加上蛋黄搅拌均匀,煮沸以后食用。贫血较重的孩子,可由医生指导,口服宝宝补血蜜等,千万不要自己乱给孩子服用铁剂药物,以免产生不良反应。

为补充体内维生素 C 的需要,除了继续给孩子吃水果汁和新鲜蔬菜水以外,还可以做一些菜泥和水果泥喂孩子。在添加辅食的过程中,要注意孩子的大便是否正常以及有没有不适应的情况,每次添加的量不宜过多,使孩子的消化系统逐渐适应。

喂养时间可在上午 6:00、10:00,下午 14:00、18:00,晚上 22:00,夜间可以不喂,在两次喂食之间加喂一次果汁、水等。钙片一天可喂 3 次,每次 2 片。鱼肝油一天喂 2 次,每次 2 ~ 3 滴。

添加辅食的原则

(1)由一种到多种的原则。开始时不要几种食物一起加,应先试加一种,让宝宝从口感到胃肠道功能都逐渐适应后再加第二种。如宝宝拒绝食入就不要勉强,可过一天再试,三五次后婴儿一般就接受了。

(2)由少到多的原则。添加辅食应从少量开始,待婴儿愿意接受,大便也正常后,才可再增加量。如果婴儿出现大便异常,应暂停辅食,待大便正常后,再以原量或少量开始试喂。

(3)由稀到稠的原则。食品应从汁到泥,由果蔬类到肉类。如从果蔬汁到果蔬泥再到碎菜碎果;由米汤到稀粥再到稠粥。

(4)应使用小匙添加,而不要放在奶瓶中吸吮,这样也为孩子断奶以后的进食打下良好的基础。

(5)孩子患病时,应暂缓添加,以免加重其胃肠道的负担。

(6)最好给孩子添加专门为其制作的食品,即不要只是简单地把大人的饭做得软烂一些给宝宝食用。因为孩子的胃还很娇嫩,功能还没有发育完善,咀嚼吞咽功能也不够强。

他们的食物以尽量少加盐,甚至不加盐为原则,以免增加孩子肝、肾的负担。颗粒尽量小,以免噎住、卡住喉咙。

辅食的制作方法

1. 蛋黄泥

取鸡蛋放入冷水中微火煮沸,剥去壳,取出蛋黄,加开水少许用汤匙

捣烂调成糊状即可。把蛋黄泥混入牛奶、米汤、菜水中调和喂吃。

2. 猪肝泥

将生猪肝去筋切成碎末,加少许酱油泡一会儿。在锅中放少量水煮开,将肝末放入煮 5 分钟即可(还可用油炒熟)。混入牛奶、菜水、米汤内调和喂吃。

3. 菜泥

蔬菜种类很多,可交替给孩子食用。如胡萝卜、土豆、白薯等,可将它们洗净后,用锅蒸熟或用水煮软,碾成细泥状喂婴儿,菜类可选用白菜心、油菜、菠菜等。把菜洗净后,切成细末,再用少许植物油炒熟即可食用。

应该注意的是,菠菜中含草酸较多,草酸容易与钙质结合形成草酸钙,不能被人体所吸收。所以在制作菠菜时,要先将洗净的菠菜用水烫一下,再放入冷水中浸泡几分钟,切成细末,放在炉火上继续煮 2 ~ 3 分钟才可食用。这样便可去掉菠菜中大部分的草酸,减少草酸与人体中钙的结合。

不管给孩子食用何种蔬菜,都要注意既要新鲜,又要多样。初始时要少量,从一小匙开始,逐渐增多,同时注意观察孩子身体是否适应,如出现呕吐和腹泻的情况,要立即停止食用,找出原因。

在各种蔬菜中,胡萝卜是小儿最理想的食物,胡萝卜营养丰富,是合成人体内维生素 A 的主要来源。要知道,人体如缺了维生素 A,眼睛发育会出现障碍,易患夜盲症并伴有皮肤粗糙等病变。

除了上述食品外,给孩子一些蜂蜜是很必要的,尤其是便秘的小儿,不能吃泻药,给孩子食用适量的蜂蜜可起到促消化、润肠、通便的作用。蜂蜜中含有许多人体所需的矿物质如钾、锌、钙、铁、铜、磷等,并含有各种维生素。可以强健孩子的身体,促进脑细胞的发育,还能促进孩子牙齿与骨骼的生长发育,提高机体的抗病能力。但一定要选择新鲜卫生的蜂蜜喂孩子,千万不能给孩子食用污染变质的蜂蜜,在这些蜂蜜中含有肉毒杆菌,食用后对孩子的身体会产生很大的危害。

可给婴儿多喂些"双歧糖"

在人工喂养时加入能促使肠道内双歧杆菌增殖的"双歧糖",既可以弥补人工喂养宝宝肠道内双歧杆菌数量少的不足,又可代替蔗糖增加宝宝的热能,而且还不会导致婴幼儿肥胖。

即使宝宝过了幼儿期甚至少年期,经常食用些"双歧糖",不单能使肠道中有足够的双歧杆菌,还可以防止在这个年龄段容易形成的龋齿和肥胖。

表9是4~6个月婴儿一日营养量,供家长参考。

表9　4~6个月婴儿一日营养量

	食物	量	做法	可代替的食品
	母乳	4~5次/日		牛奶
热量供给	粥	30克		面粉2大匙;麦片一大匙;藕粉1/2匙(开水冲);面包1/3片;面条1/4碗;中等大的土豆1/4个或中等个白薯1/10个研碎过滤成泥
	黄油	2克(1/2小匙)		人造奶油1/2小匙;色拉油,蛋黄酱1/3小匙

月月谈 *YueYueTan*

	食物	量	做法	可代替的食品
蛋白质供给	蛋黄	1/4～1/2 个	煮后研碎	研碎的鸡肝二小匙;研碎的鸡胸肉一小匙
	豆腐	5～10 克（小匙）	1/30 块煮后过滤或研碎	煮后过滤的黄豆粉一小匙;过滤鱼肉一大匙
维生素供给	蔬菜	20 克		研碎的胡萝卜、白萝卜、南瓜、菠菜叶、番茄、菜花等2大匙
	果汁	50 毫升（1/4 杯）		研碎的苹果、桃、葡萄、草莓、橘子挤出汁液,从一小匙开始逐渐增加到6小匙为止

预防接种

　　4 个月的孩子应该第三次服用骨髓灰质三价混合疫苗（小儿麻痹糖丸）,应按时带孩子到所属防疫部门服用。

4个月的孩子该注射三联针的第二针了,三联针是用来预防百日咳、白喉、破伤风等疾病的。百日咳是由百日咳杆菌引起的一种急性呼吸道传染病。咳嗽时表现为一阵阵痉挛性剧咳,使孩子非常痛苦。患上百日咳2~3个月才能治愈,有的可继发肺炎。白喉是白喉杆菌引起的烈性传染病。患病后婴儿咽喉部可见白色假膜,假膜沿呼吸道蔓延,病情发展快且严重,有的很快出现呼吸困难窒息死亡,后果不堪设想。破伤风,是由于破伤风杆菌引起的急性传染病。小儿皮肤嫩,容易碰伤,伤口易被破伤风杆菌感染,破伤风杆菌可产生时毒素,伤害人体神经系统,造成抽搐、牙关紧闭,甚至窒息死亡。这三种传染病,严重地威胁着孩子的健康成长,自从广泛进行了"白、百、破"预防针的注射后,这三种传染病的发病率明显降低。所以,一定要按时给孩子进行预防接种,以防患于未然。

　　三联针第二针的注射时间应与第一针相隔30天以上,如果此时正巧生病,可推迟几天再去接种,但最多不要超过60天。

婴儿流口水的原因

　　口水是人体口腔内唾液腺分泌的一种液体,含有丰富的酶类,是促进食物消化吸收的一种重要物质。那么为什么很少见新生儿流口水,大人也不流,只有此时的婴儿才流呢? 这与孩子此阶段发育特点有关。

　　3个月以下的孩子,中枢神经系统和唾液腺发育未成熟,唾液分泌量很少。而成人呢,口腔唾液分泌与吞咽功能协调,多余的口水在不知不觉中就咽下去了。

　　孩子到3~4个月的时候,中枢神经系统与唾液腺均趋向于成熟,唾液分泌逐渐增多,再加上孩子到三四个月有的已长出了牙,对口腔神经产

生刺激,使唾液分泌增加了。婴儿的口腔较浅,吞咽功能又差,不能将分泌的口水吞咽下去或贮存在口腔中,口水就不断地顺着嘴流出来。这是一种生理现象,不是病态。一般到2~3岁流口水的现象会自然消失。但有的孩子有口腔溃疡等疾患时,也可引起流口水,常伴有不吃奶、哭闹等,这时就要请医生给孩子看病了。

婴儿便秘的护理方法

吃牛奶的孩子常常便秘,每次排便都很痛苦,有的甚至会把肛门撑破。孩子因此而哭闹,不愿大便,使家长心急如焚。怎样避免这种情况呢? 可以采用下述办法试一试:① 在奶中适当增加糖分,100 毫升牛奶中加 10 克白糖。② 给孩子吃些蜂蜜水。③ 注意给孩子吃新鲜果汁水、蔬菜水和苹果泥等维生素含量高的辅食。

如果孩子大便十分费力,难以排出,可以削一个肥皂条或用甘油栓塞入肛门,若仍排不出,可用小儿开塞露或者到医院请医生处理,千万不要随便给孩子服用泻药。

经常便秘的孩子,除了在饮食上调剂外,还应坚持做体操,以增加腹肌的力量,有利于排便。

小孩不宜常吃中药

有许多家长常在孩子看完病后,还要求大夫加开一点中药,如至宝锭、妙灵丹等,理由是怕孩子生病,常给孩子吃点中药预防着。这种做法既不妥当也不科学。

这是因为人体食入的任何药物都要在肝脏解毒,由肾脏排泄。小儿的身体处在成长发育过程,许多脏器功能尚未成熟,肝脏解毒功能差、肾脏排泄的功能不完全,应尽量少用药,更不要随便经常滥用药。许多小儿中药制剂中,都含有朱砂,中药用来镇惊,但朱砂是炼汞的原料,长期服用,可蓄积中毒,影响孩子的生长发育。

小儿发热不爱吃奶处理方法

人体发热可引起胃肠功能紊乱,交感神经活动增强,消化酶的分泌减少。尽管食入量很少,但食物在胃肠内停留的时间很长。所以,孩子在发烧时食欲减退,有时还肚子胀。

怎么办呢?可以让孩子每次食入量少一点多吃几餐,而且要一些稀释而清淡的有助于消化吸收的食品,在牛奶中加一些米汤或水,并注意给孩子多喂水,保证足够的液体供给。发烧时体内水分消耗较多,如不注意给孩子喂水,一方面发烧不容易退,另一方面容易引起代谢紊乱。在补充水时,特别要注意补充些鲜果汁水或菜水等。

孩子晚上不睡觉可以调节

许多家长问大夫:孩子晚上不睡觉,但也没有其他不适的症状,这是怎么回事,怎么办呢?

其实,人类昼出夜寝的习惯是在长期的生活中形成的,是一种普遍的

生活习惯。如果你有意识地培养自己白天睡觉的习惯,那么,到了晚上就不会发困。孩子也不例外,如果睡够了,不管在什么时候醒来,都显得很精神。当然,如果在夜间醒来,就会扰得大人不得安宁。

睡眠既然是个生活习惯,就可以调节,这需要母亲有意识地训练自己的孩子,养成良好的睡眠习惯。白天让孩子尽量少睡,在夜间除了喂奶、换1~2次尿布以外,不要打扰孩子。在后半夜,如果孩子睡得很香也不哭闹,可以不喂奶。随着孩子月龄的增长,逐渐过渡到夜间不换尿布、不喂奶。如果妈妈总是不分昼夜地护理孩子,那么孩子也就会养成不分昼夜的生活习惯。如果以上办法都不起作用的话,可以在医生的指导下,吃点镇静药。剂量适当地吃2~3天的镇静药不会影响孩子的大脑发育,也不会引起其他不良后果。

Part 6
宝宝5个月

5个月婴儿发育的特点

身体发育状况

体重	男婴约 7.97 千克	女婴约 7.35 千克
身长	男婴约 66.76 厘米	女婴约 65.90 厘米
头围	男婴约 43.10 厘米	女婴约 41.90 厘米
胸围	男婴约 43.40 厘米	女婴约 42.05 厘米
坐高	男婴约 43.57 厘米	女婴约 42.30 厘米

月月谈 YueYueTan

动作发育状况

5 个月的婴儿懂事多了,体重已是出生时的 2 倍。口水流得更多了,在微笑时垂涎不断。如果让他仰卧在床上,他可以自如地变为俯卧位。坐位时背挺得很直。当大人扶着孩子站立时,能直立。

5 个月的孩子会用一只手够自己想要的玩具,并能抓住玩具,但准确度还不够,往往一个动作需反复好几次。洗澡时很听话,并且还会打水玩。

5 个月的孩子还有个特点,就是不厌其烦地重复某一动作,经常故意把手中的东西扔在地上,拣起来又扔,可反复 20 多次。也常把一件物体拉到身边、推开、再拉回,反复动作。这是孩子在显示他的能力。

感觉发育状况

5 个月的孩子会用表情表达自己内心的想法,能区别亲人的声音,能识别熟人和陌生人,对陌生人做出躲避的反应。

睡眠情况

5 个月的孩子每昼夜睡 15 ~ 16 个小时,夜间睡 10 个小时,白天睡 2 ~ 3次觉,每次睡 2 ~ 2.5 个小时。白天活动持续时间延长到 2 ~ 2.5 个小时。

心理发育状况

5个月的孩子睡眠明显减少了,玩的时候多了。如果大人用双手扶着宝宝的腋下,孩子就能站直了。5个月的孩子可以用手去抓悬吊的玩具,会用双手各握一个玩具。如果你叫他的名字,他会看着你笑。在他仰卧的时候,双脚会不停地踢蹬。

这时的孩子喜欢和人玩藏猫咪、摇铃铛,还喜欢看电视、照镜子,对着镜子里的人笑,还会用东西对敲。宝宝的生活丰富了许多。

家长可以每天陪着宝宝看周围世界丰富多彩的事物,你可以随机地看到什么就对他介绍什么,干什么就讲什么。如电灯会发光、照明,音响会唱歌、讲故事等。各种玩具的名称都可以告诉宝宝,让他看、摸。这样坚持下去,每天5~6次。开始孩子学习认一样东西需要15~20天,学认第二样东西需12~16天,以后就越来越快了。注意不要性急,要一样一样地教,还要根据宝宝的兴趣去教。这样,5个半月时就会认识一件物品了,6个半月时就会认识2~3件物品了。

月月谈
YueYueTan

早期教育与训练

日常教育与训练

　　家长可以给孩子准备一些色彩鲜艳、图较大的婴儿画报,给孩子边看边讲,开始时先看一些简单的画,如一只猫、一个苹果,以后逐渐看其他的物品、景色、花草等。

　　5个月的孩子能俯卧抬胸时,可把玩具放在他伸手能够到的地方让他抓,再把玩具换个地方,让他转头或转身去找,当找到时,就要鼓励他。这样做是锻炼孩子头、颈、上肢的活动能力及手的动作,训练手眼协调,另外也能促进他的触觉发育和记忆能力,看过的东西还想再去看,再去找。

　　5个月的孩子如果还不能很好地翻身,就应该训练,可以在大床上或在地毯上,让孩子仰卧在上面,拿一个有趣的新玩具逗他,当他想抓时,将玩具向左侧或右侧移动,这时孩子的头也会随着转,伸手时上肢和上身也跟着转,最后下身和下肢也转,全身就翻了过来。开始时大人可以助他一臂之力,但主要还是鼓励他自己翻身。当他翻过来了,就要表扬他,抱抱他或亲亲他,然后把他放回原位,让他重新再翻。当他能够由仰卧位变俯卧位之后,就大大开拓了自己的视野,开始了认识世界的一个新阶段。

教宝宝识物品

认识日常物品、玩具,可发展认知能力。如果让孩子认识灯,大人可以指着灯让宝宝看,并且告诉他这是灯,每天练习5~6次,直到你说一声"开灯",并且按开关,灯就亮了,你说:"关灯",灯就灭了,这时孩子就会用眼睛盯住灯,慢慢孩子就认识灯了。

教宝宝模仿妈妈的发音

教孩子模仿妈妈的发音,是发展孩子语言的重要步骤。您可以面对着宝宝,用轻柔、愉快的声音,发出"啊——啊","呜——呜","喔——喔","咯——咯"以及"爸——爸","妈——妈"等重复音节,逗引宝宝注视你的口形,每发一个重复音节时,应停一拍给孩子张口模仿的机会。每天可练习几次,开始可能会用小手去抓你的嘴,以后就会慢慢地和你学习发音了。

5个月婴儿的健身操

为了孩子的健康,要坚持给孩子锻炼身体做操和室外晒太阳,这都是必不可少的锻炼方法。这个月除了坚持以前学过的几套动作外,可以增加两个动作。

1. 两腿轮流屈伸运动

婴儿仰卧两腿伸直，母亲用两手轻轻握住婴儿脚腕，推左腿屈伸至腹部，然后还原，再推右腿屈伸至腹部，然后下放还原（图21），连续做2遍。

图21

2. 下肢放松运动

婴儿仰卧，两腿伸直，母亲用两手轻轻握住婴儿脚腕，轻抬腿成45°，然后还原（图22），连续做2遍。

图22

带孩子到户外进行日光浴，对孩子身体有很大好处，在日光的照射下除了可起到杀灭细菌的作用外，还会对孩子的生长发育有促进作用。在进行日光浴的时候应该采用正确的方法，最好选择环境优美、清洁卫生、有花有草、空气新鲜的地方。夏季要在上午 9：00 以前进行，春秋季可选择在 11：00 ~ 13：00 之间进行。每次时间不宜太长，避免强光直射孩子眼睛，注意不要让孩子受冷或受热。如孩子有食欲减退、精神兴奋、睡眠障碍或贫血等情况，应停止进行此项锻炼。

表 10　智能发育测试（5 个月）

分　类	项　目	测评方法	通过标准
大动作	扶腋下能站立	双手扶宝宝腋下，站在床上或大人腿上	能站立 2 秒以上
精细动作	抓住悬吊玩具	宝宝仰卧，逗引他够取悬吊在胸前的玩具	能主动够取、抓住玩具
	两手各握一玩具	抱坐，大人先递一块方积木让宝宝抓住，再向另一手递一块方积木	能先后用两手拿住两块方积木
认知能力	玩具失落后，两眼跟着找	抱坐，用红线球（直径 10 厘米）在宝宝眼睛水平方向引起其注视时，将球滚落在地上，大人手仍保持原姿势，观察宝宝反应	球落地后，宝宝立即低头寻找
言　语	叫名字会注视和笑	大人在宝宝面前呼唤其名字	宝宝注视大人并笑
	看到熟悉的人或玩具会咿呀发声	观察宝宝对熟悉的人或玩具的发音	"咿咿呀呀"，像在对人"说话"

续　表

分　类	项　目	测评方法	通过标准
言　语	能模仿大人发出的重复音节	宝宝醒着高兴时,大人与其面对面,对出重复音节,如 ba ba,ba ba,ma ma 等语	会模仿大人发出重复音节
情绪与社会行为	望镜中人笑	抱宝宝到穿衣镜前,逗引他观看镜中的人像	对镜中人笑

喂 养 指 导

5 个月婴儿的喂养特点

　　5 个月的孩子,由于活动量增加,热量的需求量也随之增加,以前认为只吃母乳尚不能满足孩子生长发育的需要,现认为纯母乳喂养可以满足孩子生长发育的需要。

　　如果必须人工喂养,5 个月的孩子的主食喂养仍以乳类为主,牛奶每次可吃到 200 毫升,除了加些糕干粉、米粉、健儿粉类外,还可将蛋黄加到 1 个,在大便正常的情况下,粥和菜泥都可以增加一点,可以用水果泥来代替果汁,已经长牙的婴儿,可以试吃一点饼干,锻炼咀嚼能力,促进牙齿和颌骨的发育。

在辅食上还可以增加一些鱼类,如平鱼、黄鱼、巴鱼等,此类鱼肉多、刺少、便于加工成肉糜。鱼肉含磷脂、蛋白质很高,并且细嫩易消化,适合婴儿发育的营养需要,但是一定要选购新鲜的鱼。

在喂养时间上,仍可按上月的安排进行。只是在辅食添加种类与量上略多一些。鱼肝油每次仍吃2滴,每天3次,钙片每次2片,每天2~3次。

给孩子添加辅食应注意以下事项:

(1)由少量开始,逐渐增多。当孩子愿意吃并能正常消化时,再逐渐增多。如孩子不肯吃,就不要勉强地喂,可以过2~3天再喂。

(2)辅食要由稀到干,由细到粗,由软到硬,由淡到浓,循序渐进逐步增加,要使孩子有一段逐渐适应的过程。

(3)要根据季节和孩子的身体状况来添加辅食,并要一样一样地增加,逐渐到多种。如孩子大便变稀不正常,要暂停增加,待恢复正常后再增加。另外,在炎热的夏季和身体不好的情况下,不要添加辅食,以免孩子产生不适。

(4)辅食宜在孩子吃奶前饥饿时添加,这样孩子容易接受。随着辅食的逐渐增加,可由每天代替半顿奶逐步过渡到代替一顿奶。

(5)要注意卫生,婴儿餐具要固定专用,除注意认真洗刷外,还要每日消毒。喂饭时,家长不要用嘴边吹边喂,更不要先在自己嘴里咀嚼后再吐喂给婴儿。这种做法极不卫生,很容易把疾病传染给孩子。

(6)喂辅食时,要锻炼孩子逐步适应使用餐具,为以后独立用餐具做好准备,一般6个月的婴儿就可以自己拿勺往嘴里放,7个月就可以用杯子或碗喝水了。

(7)家长在喂婴儿辅食时,要有耐心,还要想办法让孩子对食物产生

兴趣。婴儿辅食添加可参考表11。

表11 添加辅食的顺序

月 龄	添加的辅食	供给的营养素
1~3个月	鲜果汁 青菜水 鱼肝油制剂	维生素 A、维生素 C 和矿物质、维生素 D
4~6个月	米糊、乳儿糕、宝宝乐、烂粥等 蛋黄、鱼泥、豆腐、动物血、菜泥、水果泥	补充热量 动植物蛋白质、铁、维生素、矿物质
7~9个月	烂面、烤馒头片、饼干、鱼、蛋、肝泥、肉末	增加热能,训练咀嚼 动物蛋白质、铁、锌、维生素 A、维生素 B
10~12个月	稠粥、软饭、面包、馒头、挂面 碎菜、碎肉、油、豆制品	热能、维生素 B 矿物质、热能、蛋白质、维生素、纤维素(训练咀嚼)

几种婴儿食品的制作方法

青菜粥

大米两小匙,水120毫升,过滤青菜心一小匙(可选菠菜、油菜、白菜

等）。把米洗干净,加适量水泡 1 ~ 2 小时,然后用微火煮 40 ~ 50 分钟,加入过滤的青菜心,再煮 10 分钟左右即可。

汤粥

把两小匙大米洗干净放在锅内泡 30 分钟,然后加肉汤或鱼汤 120 毫升煮,开锅后再用微火煮 40 ~ 50 分钟即可。

奶蜜粥

用 1/3 杯牛奶,1/4 个蛋黄放入锅内均匀混合,再加入一小匙面粉,边煮边搅拌,开锅后微火煮至黏稠状为止,熄火后加 1/2 小匙的蜂蜜即可。

番茄通心面

把切碎的通心面三大匙和肉汤五大匙一起放入锅内,用火煮片刻,然后加入番茄酱一大匙,煮至通心面变软为止。

5个月婴儿的保健

预防接种

　　4个月时给婴儿注射了三联针（百、白、破混合制剂）的第二针，5个月应注射第三针，这样就完成了百日咳、白喉、破伤风三种疾病的第一次免疫注射。以后到1岁半、6~7岁时，还要加强两次免疫。此后，孩子便获得了对这三种病的持续而良好的免疫力。

　　大部分孩子在注射三联针后都有些不适，常表现为发热、吃奶不好、在打针的局部稍稍有些红肿、孩子比以前爱哭闹了。这些现象家长必然很担心，其实这是正常的反应，一般2~3天就会好的。如果体温超过了38.5℃，可以给孩子吃点退烧药。如果发热持续三日不退，并出现皮疹、咳嗽等症状，要请医生给孩子看看有无其他不适。

保护乳牙

　　人的牙齿分为乳牙与恒牙，乳牙从第4~6个月开始萌发，到2岁半左右出齐。从6岁开始，乳牙逐渐脱落，恒牙开始陆续萌出。

　　怎样才能保护好孩子的牙齿呢？对5个月的孩子来说，首先，要从小培养孩子的好习惯,在睡眠前不要吃带糖分的食物,因为糖类食物在口腔细菌的作用下,发酵产生酸性物质,这种物质腐蚀乳牙,使其脱钙形成龋齿。其次,要从小培养孩子正确的睡眠姿势,有的孩子睡眠喜欢偏向一侧,这样会使正常颌骨发育受到影响,会形成一侧大一侧小,影响牙齿的发育。此外,孩子叼奶头睡、吮手指等坏习惯,都会引起牙齿排列不齐,从而影响牙齿的正常发育。

不要强行制止孩子哭

　　婴幼儿大脑发育不够完善,当受到惊吓、委屈或不满足时,就会哭。哭可以使孩子内心的不良情绪发泄出去,通过哭能调节人体七情,所以哭是有益于健康的。

　　有的家长在孩子哭时强行制止或进行恐吓,叫孩子把哭憋回去。这样做使孩子的精神受到压抑、心胸憋闷,长期下去会精神不振,影响健康。当孩子哭时,家长要顺其自然。孩子哭后就能情绪稳定,嬉笑如常了。

如何防止婴儿早期肥胖

　　胖孩子不一定是健康的。蜡样儿的存在就说明了这个事实。胖孩子一般容易感冒,也爱长湿疹。肥胖的婴儿动作缓慢、不爱活动,而越不爱活动就会长得越胖。

　　婴儿达到什么程度才算胖呢?如果自出生到了3个月,婴儿的体重增加了3千克(平均每天30克)或超出同龄婴儿平均值的20%以上就算

是胖了。

用母乳喂养的婴儿70%不会发胖。而用牛奶或米粉喂养的婴儿大约70%是胖的。因此在用牛奶或米糊喂养时,一定要把握好不要过量。

胖孩子由于体重较重,因此不要让其早站立,不要过早学走路,因为太重会影响到腿的发育。但应让婴儿多运动,特别是腿部要多做运动,以帮助婴儿消耗掉一部分热能。

(1)让婴儿仰卧,逗他做踢腿的动作和游戏。

(2)要让宝宝多练习爬。由于肚子胖,宝宝可能不喜欢爬,但父母应做多种游戏帮助宝宝。

(3)可扶着宝宝腋下让婴儿站在父母膝上做跳跃运动以锻炼双腿。

(4)要经常帮助婴儿练习翻身动作。

在婴儿活动的时候应尽量不给包尿布,以使婴儿有轻松感而更喜欢游戏和锻炼。

Part 7

宝宝6个月

6个月婴儿的发育特点

身体发育状况

体重	男婴约8.46千克	女婴约7.82千克
身长	男婴约68.88厘米	女婴约67.18厘米
头围	男婴约44.32厘米	女婴约43.20厘米
胸围	男婴约44.06厘米	女婴约42.86厘米
坐高	男婴约44.16厘米	女婴约43.17厘米
牙齿	部分婴儿开始萌出下门齿	

月月谈 *YueYueTan*

动作发育状况

会翻身。如果扶着他,能够站得很直,并且喜欢在扶立时跳跃。把玩具等物品放在孩子面前,他会伸手去拿,并塞入自己口中。6 个月的孩子已经开始会坐,但还坐不太好。

语言发育状况

6 个月孩子的听力比以前更加灵敏了,能分辨不同的声音,并学着发声。

感觉发育状况

6 个月的孩子已经能够区别亲人和陌生人,看见看护自己的亲人会高兴,从镜子里看见自己会微笑,如果和他玩藏猫儿的游戏,他会很感兴趣。这时的小儿会用不同的方式表达自己的情绪,如用哭、笑来表达喜欢和不喜欢。

睡眠情况

6 个月小儿一昼夜需睡 15 ~ 16 个小时,一般白天要睡 3 次,每次

1.5~2个小时,夜间睡 10 个小时左右。

心理发育状况

6 个月的孩子,运动量、运动方式、心理活动都有明显的发展。他可以自由自在地翻滚运动;如见了熟人,向熟人微笑,这是很友好的表示。不高兴时会用撅嘴、扔摔东西来表达内心的不满。照镜子时会用小手拍打镜中的自己。往常会用手指向室外,表示内心向往室外的天然美景。示意大人带他到室外活动。

6 个月的宝宝,心理活动已经比较复杂了。他的面部表情就像一幅多彩的图画,会表现出内心的活动。高兴时,会眉开眼笑、手舞足蹈,咿呀作语。不高兴时会怒发冲冠,又哭又叫。他能分辨严厉和柔和的声音。当你离开他时,他会表现出害怕的情绪。

情绪是宝宝的需求是否得到满足的一种心理表现。宝宝从出生到两岁,是情绪的萌发时期,也是情绪、性格健康发展的敏感期。父母对宝宝的爱、对他生长的各种需求的满足以及温暖的怀抱、香甜的乳汁、富有魅力的眼光、甜蜜的微笑、快乐的游戏过程等,都为宝宝心理健康发展奠定了良好基础,为智力发展提供了广阔的课堂。

早期教育与训练

游戏训练

（1）训练全身活动,利用翻身运动锻炼宝宝头、颈、身体及四肢肌肉的活动。

（2）宝宝仰卧,可用一个他感兴趣的玩具,引逗他翻身运动,从仰卧到侧卧,到俯卧,再从俯卧到侧卧,到仰卧。这是让宝宝练习翻身运动,请注意做好保护。

（3）传递积木,训练手与上肢肌肉动作,培养用过去的经验解决新问题的能力,训练双手传递功能。

让宝宝坐在床上,妈妈给他一块积木,等他拿住后,再向同一只手递第二块积木,看他是否将原来的积木传到另一只手里,再来拿这块积木。如果他将手中的积木扔掉再来拿这块积木,就要引导他先换手,再拿新积木。

动作训练

大人可以抓住孩子的双手,帮助他练习坐起来的动作,一是从俯卧位或仰卧位爬起来坐下,一是从直立状态坐下。大人还可以把孩子扶坐在自己的膝上，或放在特别的座位里，使他不会前后左右倾斜，保证坐姿正确。但也不要让孩子坐的时间过长，以防脊柱弯曲。

家长扶着孩子腋下让他站在大人腿上跳跃，或拉小儿双手使之随力站起并试做踏步的姿势，都能够锻炼小儿的骨骼和肌肉，加快其动作发展。

6个月的孩子已经能够由仰卧位翻转成俯卧位。但也有的孩子还翻不好，家长应该助他一臂之力，使他学会翻身。当孩子会翻身后，家长千万注意看好孩子，不要从床上掉下来，最好给床加上床挡。

如果孩子能熟练翻身，家长可以训练孩子往前爬，在开始爬的时候，家长可以把一只手顶住孩子的脚掌，使之用力蹬，这样孩子的身体可以往前移动一点。然后，再把手换到孩子另一只脚下，帮助他用力前进，使小儿慢慢体会向前爬的动作。发育较好的孩子很快就能够学会爬。

为了锻炼孩子手的活动能力，可以给他一些纸，让他去撕，这能够训练他手指的灵活性。

语言训练

6个月的孩子已经能够咕咕发音，这时，要多和孩子谈话、交谈。让孩子观察说话时的不同口形，为以后说话打下基础。

6个月的孩子能够知道自己的名字，如果叫他没有反应，家长应该告诉他："是你的名字，这是叫你啊！"然后再叫他，如果他有反应就鼓励他，抱抱他或亲亲他，反复几次，孩子听到叫他的名字就会有反应了。

家长要教孩子认识身体的各部位，比如和孩子一起游戏，教他指出自己身体上的部位，告诉他："这是手，这是脚，这是耳朵，这是鼻子……"这样反复教他几次后再问他："手在哪儿？"让他指出来。

玩具的选择

孩子6个月之后,开始喜欢看、听、摸、啃、咬各种物体。这时,家长可为孩子提供较多的玩具。选择玩具,要结实、不怕摔、不易碎;又不能太硬,太硬会碰坏孩子的头和脸;玩具还必须是无毒、卫生而又不怕啃咬的。玩具也不能太小,太小他会吞下去,或放进鼻孔、耳朵里。不能给婴儿羊毛制品的玩具,他可能会从玩具身上扯下毛,塞进自己嘴里。也不要给他一串小珠子,因为孩子也许会扯断线绳吞下去几颗珠子。这些玩具都不适合给6个月的孩子玩,以免发生危险。

6个月的孩子可以玩简单的玩具,例如:皮球、娃娃、塑料的摇鼓、大的没有上漆的积木等。

将玩具给孩子之前,要清洗干净,因为6个月小儿经常会把玩具放在嘴里"品尝"。另外,一次给孩子的玩具不要太多,他玩腻了,便希望给他新的。

培养孩子良好的生活习惯

家长要注意培养孩子良好的生活习惯,生活要有规律,孩子的饮食、睡眠、游戏等都应有固定的时间。生活有规律的孩子,会更健康、快乐,不爱生病,也不爱哭闹缠人。这样,家长能够节省很多的精力和时间去做其他的工作和家务。

当小儿会坐之后,就要训练他坐盆大便的习惯。最好要定时、定点坐盆,并教他用力。当小儿有大小便表示时,如突然坐立不安或用力"吭吭"的时候,就应该让他坐盆,逐渐形成习惯,不要让他随便在床上、在玩的时候大小便。

6个月婴儿的健身操

这个月除了坚持巩固以前的各节健身操外,可增加一个动作。

单臂起坐运动

婴儿仰卧,两腿伸直,家长左手扶孩子左腿,右手拇指让孩子握住,轻轻拉起孩子。重复2遍(图23)。

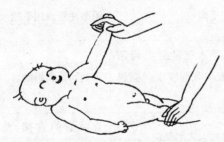

图23

表12　智能测试(6个月)

分　类	项　目	测评方法	通过标准
大动作	独坐片刻	让宝宝坐在床上,不扶,给其玩具玩耍	能独自坐半分钟以上
	扶着站立	扶宝宝双臂站立	能扶站5秒以上
精细动作	积木从一手传至另一手	宝宝抱坐,递一方积木给宝宝拿住后,再向拿积木的手前递另一块积木	将第一块积木直接传至另一手后,再去拿递来的第二块积木
认知能力	抓去蒙在脸上的手帕	宝宝仰卧,将一块干净手帕蒙在其脸上	能用手抓去脸上的手帕
	会认物品(注意是注视还是用手指)	抱起宝宝,大人说出他熟悉的物品观察反应	听到物品的名称,会用眼注视或用手指
言　语	听到"妈妈"朝妈妈看	父亲或其他人抱起宝宝,母亲站在一旁,父亲问宝宝:"妈妈呢?"	听到问话朝妈妈看
情绪与社会行为	开始认生	观察宝宝对生人的反应	有明显的害怕、焦虑、哭闹等反应
	捕捉并拍打镜中人	置宝宝于大镜子前	对镜中人影有捕捉、拍打、亲吻等反应
	夺走玩具发脾气	直接夺走宝宝手中正在玩的玩具	喊叫,表示不高兴或哭闹

续　表

分　类	项　目	测评方法	通过标准
情绪与社会行为	区别严厉与亲切的语言	观察宝宝对严厉或亲切的语言的理解程度	对亲切的语言表示愉快,对严厉的语言表现出不安或哭泣等反应

喂养指导

6个月婴儿的喂养特点

为了孩子的健康,希望做妈妈的坚持母乳喂养到6个月。

如条件不允许可人工喂养,奶量不再增加,每天喂3～4次。每次喂150～200毫升。可以在早上6:00、中午11:00、下午17:00、晚上22:00各喂1次奶。上午9:00～10:00及下午15:30～16:00添加两次辅食。

6个月的孩子每天可吃两次粥,每次1/2～一小碗,可以吃少量烂面片,鸡蛋黄应保证每天1个,每日要喂些菜泥、鱼泥、肝泥等,但要从少到多,逐渐增加辅食。

6个月小儿正是出牙的时候,所以,应该给孩子一些固体食物如烤馒头片、面包干、饼干等练习咀嚼,磨磨牙床,促进牙齿生长。

断奶过程中需要注意什么

按照断乳食谱进行断奶时,有些母亲往往以为一定要按食谱的要求去做,婴儿不愿吃也要硬喂。但爱吃与不爱吃的婴儿都有,吃得少的不能勉强多吃,吃得多的也不可多喂。

1. 断奶过程中的正确做法

断奶过程中的正确做法是:在开始的一周内,第一天先从 1 勺或 2 勺开始,然后从第二天起每天增加 1 勺或 2 勺。但实际上,有的婴儿从一开始就非常爱吃,这种情况也可以第一天就喂 10 勺,第二天就喂 20 勺。

不大喜欢吃的婴儿大多是味觉敏感的婴儿,如面包粥里加的糖如果多了,婴儿吃一口就会厌烦。另外,味觉敏感的婴儿对土豆、南瓜等也很挑剔,婴儿成品食物也不怎么爱吃。如果宝宝爱吃鸡蛋就可以接着喂下去,当然,可将鸡蛋做成蒸鸡蛋羹、炒鸡蛋等,变着花样让婴儿吃。

2. 婴儿吃多了爱吃的食物会有什么危险吗

婴儿如果遇到喜欢吃的食物就会表现出非常想吃的样子,这样就很容易在不知不觉中给喂多了。如果婴儿吃后没有什么异常,就说明婴儿有充分的消化能力,但也有婴儿吃后大便增多的情况。

如果辅食没有问题(烹调器具用开水充分消毒,做食物的人清洗干净双手,辅食原料新鲜),上述情况就是因为吃多了引起的,一般不会有什么危险。母亲不要一看到宝宝大便有变化就感到不安,而应看宝宝的整体身体状况。如果宝宝气色很好,爱喝奶、不发热,就没有必要担心。遇到这种情况时,不要给婴儿立即停止代乳食品,如果婴儿还喜欢吃,就可以接着喂。

母亲应该知道,婴儿吃进的食物多了,大便必然会多些。只要宝宝精神好,体重增加也正常,就可以继续喂牛奶和代乳食物,不会有什么问题。

3. 吃代乳食品后宝宝大便有什么变化

　　代乳食物稍有增加后,有的婴儿大便就会发生改变,但也有些婴儿大便始终保持不变。大便异常的婴儿一般被认为是胃肠功能不好,这样的婴儿体重开始断奶后往往会减轻。这是因为减少吃奶量后,婴儿经常处于饥饿状态。如果婴儿不发热、想吃东西,就不用担心婴儿有病。只是应注意在烹调食物时要严格消毒,否则婴儿会发生消化不良。

　　胡萝卜、菠菜等作为代乳食物喂给婴儿后,因婴儿还不能完全消化,有时会以原来的形状或颜色随着大便一起排出来。每个小婴儿都会如此,并不是消化不良引起的。

　　如果说代乳食物会引起消化不良,多是由于在烹调食物的过程中,母亲的手清洗不彻底,或是器具消毒不完全,也可能是代乳食品的原料不新鲜,带进了病原菌。

　　当婴儿出现发热、气色不好,吃牛奶不如从前,大便次数明显增多等症状时,必须尽早请医生诊治。

几种婴儿食品制作方法

蛋黄粥

　　大米二小匙洗净加水约120毫升,泡1~2小时,然后用微火煮40~50分钟,再把蛋黄捣烂后加入粥锅内,再煮10分钟左右即可。

水果麦片粥

把麦片三大匙放入锅内,加入牛奶一大匙后用微火煮 2～3 分钟,煮至黏稠状。熄火后加切碎的水果一大匙(可用切碎的香蕉加蜂蜜,也可以用水果罐头做)。

面包粥

把 1/3 个面包切成均匀的小碎块,和肉汤二大匙一起放入锅内煮,面包变软后即熄火。

牛奶藕粉

藕粉或淀粉 1/2 大匙,水 1/2 杯,牛奶一大匙一起放入锅内,均匀混合后用微火熬,边熬边搅拌,熬至透明糊状为止。

奶油蛋

蛋黄 1/2 个,淀粉 1/2 大匙加水放入锅内均匀混合后上火熬,边熬边搅拌,熬至粘稠状时加入牛奶 3 匙,熄火后放凉时再加蜂蜜少许。

6 个 月 婴 儿 的 保 健

婴儿口水多不用着急

孩子6个月左右,由于出牙的刺激,唾液分泌增多。而孩子又不能及时咽下,就会出现流口水的现象,这是一种正常现象。这时要注意给孩子戴围嘴,并经常洗换,保持干燥。不要用硬毛巾给孩子擦嘴、擦脸,而要用柔软干净的小毛巾或餐巾纸来擦。

小儿在出牙时,除流涎外,还会出现咬奶头现象,个别孩子还会出现低烧,这都是正常现象,家长不必担心。

注意预防贫血

婴儿出生6个月之后,从母体得来的造血物质基本用完,若补充不及时,就易发生贫血。6个月孩子最常见的是缺铁性贫血和营养性大细胞性贫血。

缺铁性贫血是由于体内贮存的铁缺乏,使血红蛋白合成减少。常见的缺铁原因有以下几种:

月月谈 YueYueTan

1. 先天性储铁不足

由于胎儿储铁以产前 3 个月最多,所以早产、双胎、母亲贫血严重时,都会使新生儿储铁减少。

2. 生长发育过快

生长发育越快,体重增加越多,身体缺血量也就越多,对造血原料铁的需要也就增多。因而生长发育过快的孩子容易发生缺铁。

3. 饮食中铁缺乏

因为人奶、牛奶含铁很少,不够小儿生长发育的需要,所以,单纯喂奶而不增加辅食的小儿特别容易发生缺铁性贫血。

4. 疾病的影响

孩子患某些疾病可造成身体缺铁。如孩子消化道畸形、长期腹泻,铁便不能很好地被吸收,易发生贫血。再如患肠息肉、美克尔憩室、钩虫病等由于肠道经常少量失血,也会引起贫血。

家长了解了贫血的原因,就会认识合理喂养的重要性,及时给孩子添加辅食,多吃动物肝、瘦肉、鸡蛋、绿色蔬菜等以防治贫血。

当孩子精神不好,食欲差,经常疲乏无力时,应观察孩子面色、口唇、牙床、皮肤黏膜是否苍白,若是,应想到小儿贫血,及时到医院检查。一经证实,就要坚持耐心按医嘱服药。

营养性大细胞性贫血是由于缺乏维生素 B_{12} 和叶酸这些造血物质而引起的疾病。

维生素 B_{12} 在动物瘦肉、肝、肾中含量较多,在奶类、蛋类中含量较少。叶酸在新鲜绿叶菜、酵母、肝、肾中含量较多。

人工喂养、单纯母乳喂养不添加辅食或小儿饮食单调,缺乏肉类和各种蔬菜,容易发生营养性大细胞性贫血。

不管是什么性质的贫血,都会引起孩子肝、脾、淋巴结肿大,心脏扩大,重者还会发生心功能不全,贫血还严重影响孩子的生长发育,所以,必须认真防治孩子贫血。

注意预防佝偻病

当孩子体内缺乏维生素 D 时,会产生钙、磷代谢失常、骺样组织钙化障碍,引起一系列症状。患佝偻病的孩子夜间睡眠不稳,容易惊醒,并且多汗。由于酸性汗液刺激皮肤,造成孩子头部来回摆动摩擦枕部,使头后形成一圈脱发,医学上叫枕秃。较严重的佝偻病,颅骨出现软化,用手按上去,似乒乓球一样;逐渐出现方颅,胸廓下部肋骨呈现外翻。当孩子学走路时,由于骨骼软而吃力,致使腿部弯曲,形成"O"型或"X"型腿。有的还可出现脊柱弯曲等症状。患有佝偻病的孩子,走路、说话、长牙齿都比正常孩子要晚。

预防佝偻病的方法,首先是多让孩子晒太阳。6 个月以后的孩子每天在户外活动的时间应越来越长,即使在冬天也要注意户外锻炼,让孩子接触阳光,同时还应继续坚持服用钙片和鱼肝油。已经患有佝偻病的孩子应根据医嘱服用维生素 D 制剂。

怎样预防婴幼儿饮食过敏

1. 母乳喂养

母乳中含有多种对过敏有制约作用的免疫球蛋白及多种抗体,对防止过敏很有好处。

　　而且母乳喂养的婴儿饮食比较单纯，基本不吃杂粮，这对接触过敏源食物有很好的"屏蔽"作用。

　　授乳的母亲除注意营养外，最好也不要吃高过敏食物。用牛奶喂养的婴儿如出现过敏，应立即停用牛奶，改以羊奶、豆浆、代乳粉之类的喂养。

2. 少喂易导致过敏的食物

　　对未满周岁的婴儿，不宜喂食鱼、虾、蟹、海味、蘑菇、葱、蒜等容易引起过敏的食物。

　　在给婴儿增加新的辅食品种时，一定要一样一样分开来添加，每添加一种新食物时，要注意观察婴儿有没有过敏性反应，如皮疹、瘙痒、呕吐、腹泻等，一旦出现过敏反应，应立即停喂这种食物一段时间，然后再试喂。切忌多种新食物同时添加，分辨不出过敏源。

　　在给婴儿喂食后，应立即将婴儿嘴角的残余食物汁液擦拭干净，以免食物残汁引起皮肤接触过敏。

Part 8
宝宝7个月

7个月婴儿发育的特点

身体发育状况

体重	男婴约8.8千克	女婴约8千克
身长	男婴约70厘米	女婴约68厘米
坐高	男婴约45厘米	女婴约43.7厘米
头围	男婴约44.6厘米	女婴约43.5厘米
胸围	男婴约44.7厘米	女婴约43.8厘米

牙齿 如果下面中间的两个门牙还未长出，这个月也许就会长出来。
如果已经长出来，上面当中的两个门牙也会很快长出来。

动作发育状况

7个月的婴儿各种动作开始有意向性,会用一只手去拿东西。会把玩具拿起来,在手中来回转动。还会把玩具从一只手递到另一只手或用玩具在桌子上敲着玩。仰卧时会将自己的脚放在嘴里啃。7个月的孩子不用人扶能独立坐几分钟。

语言发育状况

能发出各种单音节的音,会对他的玩具说话。

睡眠情况

和6个月时差不多,孩子每天需睡15~16个小时,白天睡2~3次。如果孩子睡得不好,家长要找找原因,要想到孩子是否病了,给他量量体温。观察一下面色和精神状态。

心理发育状况

7个月的宝宝已经习惯坐着玩了。尤其是坐在浴盆里洗澡时,更是喜欢戏水,用小手拍打水面,溅出许多水花。如果扶他站立,他会不停地蹦。嘴里咿咿呀呀好像叫着爸爸、妈妈,脸上经常会显露幸福的微笑。如果你当着他的面把玩具藏起来,他会很快找出来。喜欢模仿大人的动作,也喜欢让大人陪他看书、看画,听"哗哗"的翻书声音。

年轻的父母第一次听宝宝叫爸爸、妈妈是一个激动人心的时刻。7个月的宝宝不仅常常模仿你对他发出的双复音,而且有50%~70%的孩子会自动发出"爸爸"、"妈妈"等音。开始时他并不知道是什么意思,但见到家人听到叫爸爸、妈妈就会很高兴,叫爸爸时爸爸会亲亲他,叫妈妈时,妈妈会亲亲他,孩子就渐渐地从无意识的发音发展到有意识地叫爸爸、妈妈,这标志着宝宝已步入了学习语音的敏感期。父母们要敏锐地捕捉住这一教育契机,每天在宝宝愉快的时候,给他朗读图书、念儿歌、说说绕口令等。

动作训练

7个月婴儿已能独坐了,应该开始训练他爬。爬是一种全身的运动,可以锻炼孩子胸、腹、腰和上、下肢各组肌群,为今后站立做准备。爬可扩大孩子认识范围,增加孩子的感知能力,促进其心理发展。爬对孩子来说,并不是轻而易举的事情。有些孩子不爱活动,可以在他面前放些会动的,有趣的玩具,启发、引逗他爬。

学习匍行会促进脑发育。家长可以采用游戏方法训练宝宝爬行。如

月月谈 *YueYueTan*

让宝宝俯卧,用两臂支持前身,腹部着床,可用双手推着孩子的脚底向前爬。在他前面用玩具逗引他,并使他学会用一只手臂支撑身体,另一只手拿到玩具。

当孩子会爬之后,就要为爬创造条件,如:把他放在有床栏的大床里或放在地毯上,让他自由活动。

语言训练

家长要注意培养孩子的观察能力,除引导他观察说话时的不同口形,为以后学说话打基础之外,还要让他观察成人的面部表情,懂得喜、怒、哀、乐。家长在与孩子说话时,一定要脸对着孩子,使他注意到大人的面部表情。

要经常给孩子听优美的音乐和儿童歌曲,让他感受音乐艺术语言,感受音乐的美,用音乐启发孩子的智力。

培养婴儿懂道理

7个月婴儿已经知道控制自己的行为。这时,凡是他的合理要求,家长应该满足他,而对于他的不合理要求,不论他如何哭闹,也不能答应他。比如,他要扭动电视机的按钮,玩电灯的开关……家长就要板起面孔,向他摆手,严肃地告诉他"不行"。关键的不是怕电视机坏了和电灯绳断了,而是要使孩子节制自己的行为,知道有些事可以去做,而另一些事不可以去做。家长要使孩子从小养成讲道理的习惯,以免长大后成为无法无天的"小霸王"。

培养良好的饮食卫生习惯

　　要使孩子养成良好的饮食卫生习惯,应每天在固定的地方、座位喂孩子吃饭,给他一个良好的进食环境。在吃饭时,不要和他逗笑,不要分散他的注意力。可以让他自己拿饼干吃。也可以让他拿小勺,开始学着用勺子吃东西。家长不要因为孩子吃得到处都是就喂孩子。每个人都要有这个过程。但如果孩子只是拿着勺子玩,而不好好吃饭,则应该收走小勺。

培养孩子坐盆的习惯

　　为了培养孩子的良好卫生习惯,到孩子会坐的时候,便可以逐渐培养大小便坐便盆了。这时婴儿还坐不稳,一定要由家长扶着,但坐盆的时间不能太长。开始只是培养习惯,一般孩子不习惯,一坐盆就打挺,这时不要太勉强,但每天都要坚持让孩子坐,这样训练几次就可以了。

　　孩子最好用塑料的小便盆,盆边要宽而且要光滑。这样的便盆不管夏天还是冬天都适用。搪瓷便盆到了冬天很凉,孩子不愿坐。

7个月婴儿的健身操

腰部运动

婴儿仰卧,两腿伸直,家长右手扶住孩子腰部,左手按住两脚腕部,右手用力将孩子腰部轻轻托起。托起腰部时,应注意孩子的头部不要离开床面,用力不要过猛(图24)。

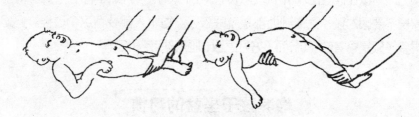

图24

表13 智能发育测试(7个月)

分 类	项 目	测评方法	通过标准
大动作	独坐自如	让宝宝独坐在床上,给其玩具	能独坐10分钟,无需用手支撑身体
	扶双手站立	扶宝宝双手腕站立	扶站10秒以上
精细动作	拇指和其他手指配合抓起玩具	宝宝坐在床上,将一块小积木放在其手能抓到的地方	能用拇指和其他四指配合抓起小积木
	用一个玩具敲打另一个玩具	让宝宝手中拿一只带柄塑料玩具,大人示范用小勺敲击桌面或一块小积木	会用带柄玩具敲击另一个玩具

续　表

分　类	项　目	测评方法	通过标准
认知能力	找当面藏起来的玩具	当宝宝面将一玩具藏在枕头下面	能找到玩具
	会模仿拍手	大人说"拍拍手"并示范	会模仿拍手
	会认新物品	大人说出宝宝物品名称,观察其是用眼注视还是用手指	会注视或用手指听到的物品
言　语	发出"爸爸"、"妈妈"的声音	宝宝愉快时观察他是否无意识地发出过这些音	能发这些音,但无意识
	听到"爸爸"把头转向爸爸一方(懂"爸爸"的语意)	父亲站在宝宝面前,母亲问宝宝:"爸爸呢?"观察反应	听到"爸爸"能把头转向爸爸
情绪与社会行为	见父母熟人要求抱	观察宝宝见到父母或其他经常照料他的人时的反应	主动要求抱

7个月婴儿的喂养特点

　　不管是母乳喂养还是人工喂养的孩子。在7个月时每天的奶量仍不变。分3~4次喂进。辅食除每天给孩子两顿粥或煮烂的面条之外,还可

添加一些豆制品,仍要吃菜泥、鱼泥、肝泥等。鸡蛋可以蒸或煮,仍然只吃蛋黄。

在小儿出牙期间,还要继续给他吃小饼干、烤馒头片等,让他练习咀嚼。

7个月的小婴儿各种食物每天进食多少才能满足他生长发育的需要呢?请参照表14。

表14　7~8个月婴儿一日营养量

食品	全日总量	次数	可替代的食品
母奶或牛奶	750毫升左右	分3~4次	
粥	1碗	分2次	捣烂的面包片1片;烂面条1碗;麦片四大匙;土豆半个;白薯1/3个(煮软捣烂)
蛋黄	1个		鸡胸肉二小块(捣烂),肉末2小匙;豆腐1/5块(捣烂)
鱼	20克		鱼肉松二大匙
水果	50克		苹果1/4个;桃1/3个;香蕉1/2个;橘子1/3个
蔬菜	30克		可选胡萝卜、柿子椒、圆白菜、黄瓜、白菜、番茄、茄子

7个月婴儿的断奶方法

从6个月开始实行断奶的婴儿,在这个月里食量将逐渐增加。由于婴儿已记住了代乳食品的味道,所以他喜欢多吃自己喜欢的食物。而有些婴儿并没有吃的欲望,母亲却认为从这个月起必须增加婴儿的食量而强迫婴儿多吃。

1.6~7个月婴儿的主食是什么

那种强迫婴儿多吃的做法是非常错误的。特别是在炎热的夏季进入断奶第二个月的婴儿。这时的婴儿一般不会有什么食欲,所以不会像母亲想象的那样增加食量。这时如果为了增加代乳品的量而减少母乳或牛奶,对婴儿是非常不利的。

6~7个月的婴儿的主食仍应是母乳或牛奶。母亲应该明白喂代乳食品只是一种吃饭的练习而已。给婴儿喂米粥或面包粥这样的代乳食品时,没有必要拘泥于某一规定的量,只要婴儿爱吃就可以喂。

母亲不要认为宝宝能吃下一碗粥(70克左右)就无需再吃其他食物。100克的稀粥只能产生217.4千焦的热量,而加入1块糖的牛奶100克却能产生334.4千焦的热量。而且,米粥还缺少婴儿成长必需的动物性蛋白。吃米粥过多还会导致婴儿脂肪堆积,这对婴儿的成长极为不利。

2. 怎样给6~7个月的婴儿喂奶

随着代乳食品的增加,婴儿的喝奶量将相应减少。但究竟减至多少则是由婴儿自己决定。

婴儿喝奶不如以前多时,不要勉强婴儿喝。如果婴儿每天吃的面包粥、米粥等量合计达到100克,就可以减少一次喂奶。可以将用奶瓶喝的

月月谈 *YueYueTan*

奶粉改为用杯子喂鲜奶（可以是全乳）。不过，在宝宝睡觉前还是使用奶瓶喂比较好，因为奶瓶撤得过早，婴儿就会养成不吮吸手指或不咬被角就睡不着觉的毛病。

在断乳过程中，母亲不要以为宝宝每天的食量都应保持一样多。天热时宝宝会少吃，而在宝宝心情好时肯定会吃得多些。

3. 怎样给6~7个月的婴儿添加辅食

为了使婴儿能健康成长，必须及时给婴儿添加一些鸡蛋、鱼之类的食物。从营养方面来说，给婴儿吃用牛奶做的面包粥要比吃米粥好。

从6个月起就开始吃鸡蛋或土豆的婴儿，经过1个月的练习，到这个月差不多都能吃鱼和动物肝脏（不过，一般婴儿都不太喜欢吃动物肝脏）了。若是6个月时赶上盛夏季节，从近几天才开始吃鸡蛋和土豆的婴儿，也没必要特意练习1个月后再让婴儿吃鱼，只需半个月左右的时间就可以过渡到吃鱼。

动物肝脏中鸡肝比较适合于这个月龄的婴儿。另外，鸡肉、牛肉都可以做得烂烂的喂给6个月大的婴儿。其他如茄子、胡萝卜、菠菜、卷心菜和番茄等都可以喂给婴儿。

4. 断奶的目的

断奶的目的不是让婴儿按照断乳食谱要求吃食物，而是使婴儿在长齐牙，并能够自由行走以后，可以和父母一起进餐。

断奶并不是要停止喝奶，而是让婴儿逐渐习惯吃母乳、牛奶以外的米饭或面食，也就是使婴儿逐渐适应一般人的饮食生活。

断奶并不是因为6个月大的婴儿继续吃母乳或牛奶有什么危害，而是因为婴儿自己过6个月后产生了想吃母乳或牛奶以外其他食物的自然的欲望。

婴儿小食品制作

蔬菜猪肝泥

煮软切碎胡萝卜一小匙,菠菜叶 1/2 匙加少量盐煮后切碎,和切碎的猪肝二小匙一起放入锅内,加酱油一小匙用微火煮,熄火前加牛奶一大匙。

香蕉粥

1/6 根香蕉去皮后,用勺子背把香蕉研成糊状,放在锅内加牛奶一大匙混合后上火煮,边煮边搅拌均匀,熄火后加入少许蜂蜜。

番茄猪肝

切碎的猪肝二小匙,切碎的葱头一小匙同时放入锅内,加米或肉汤煮,然后加洗净剥皮切碎的番茄二小匙,盐少许。

7 个 月 婴 儿 的 保 健

婴儿辅食的变态反应

婴幼儿时期,特别是 1 周岁以内婴儿出现变态反应,大多数是因为对食物过敏。

1. 婴儿为什么会发生食物变态反应

婴儿在 4~6 个月开始添加固体辅助食品时,由于此时婴儿的肠道发育还不完善,以致部分蛋白质进入血液循环中,从而引起变态反应,当婴幼儿长大后,对某种食物的变态反应就会逐渐消失。

但是父母若不注意婴幼儿的饮食调理,反复吃引起变态反应的食品,就会使变态反应更加恶化,导致终生都有反应,极个别的还会有生命危险。所以在谈到添加辅食时一再强调这个问题就是为了引起父母注意。在 1 岁以内给婴儿添加食物时,一定要注意婴儿是否有变态反应。

牛奶引起的变态反应主要是腹泻。其他食物引起的变态反应还有腹胀、腹痛、流鼻涕、流眼泪、耳朵发炎、鼻窦炎、咳嗽、气喘及尿布湿疹等。

2. 容易引起变态反应的食物

父母应对容易引起婴儿变态反应的食物特别留意,如牛奶、奶酪、鸡蛋、鱼、虾、土豆、玉米、小麦,黄豆及其制品豆腐、豆油、豆浆及豆油制的饼干等。

较少引起变态反应的食物有：大麦、大米、荞麦、胡萝卜、红薯、圆白菜、鸡肉、羊肉和各种水果等。

一些食物添加剂也容易引起变态反应，如调色剂、人工调味剂和防腐剂等，因其含有亚硝酸盐及硝酸盐。

3. 怎样防止食物变态反应的发生

防止食物变态反应的发生宜注意以下几点：

（1）一旦发现哪些食物有变态反应，要立即停止食用。

（2）添加固体食物时，量要少，品种以一种为宜，观察无变态反应时再多喂或加入新的辅食。

（3）添加辅食时应首先选用不易引起变态反应的食物，发现某种食物有变态反应时，应停止食用，可待稍大时再吃。

（4）有食物变态反应家族史的婴儿添加辅食的时间可稍晚些，不要在 4 个月时添加，可推迟到 6 个月时再添加。

不要给孩子盖厚被

如果孩子在夜间睡着了之后总是踢被，家长应该注意不要给孩子盖得太多、太厚。特别是在孩子刚入睡时，更要少盖一点，等到夜里冷了再加盖。稍微盖薄一些，孩子不会冻坏，盖得太厚，孩子感觉燥热，踢掉了被子，反而容易着凉感冒。

孩子忌穿得太暖

孩子穿的衣服薄厚也应适宜,穿得太少,孩子的手、脚都发凉,容易生病;穿得太多,活动起来不方便,一动就会出汗。出汗之后,再一受风更容易着凉。俗话说,"要想小儿安,三分饥和寒"。也就是说,要想让小儿平安不生病,只需要吃七分饱,穿七分暖就行了,若吃得过饱,穿得过暖,反而容易生病。

孩子爱出汗的原因

孩子比较爱出汗,这是因为小儿体内的新陈代谢旺盛,产热多。出汗是身体散热的主要方式,再加上小儿神经系统发育不完善,调节功能差,因此爱出汗。

如果孩子只是出汗多,但精神、面色、食欲均很好,吃、喝、玩、睡都正常,一般就不是有病。

但患有活动性佝偻病、结核病和其他神经血管疾病以及慢性消耗性疾病的孩子汗多,特别是夜间入睡后出汗多,同时伴有其他症状,如低烧、食欲不振、睡眠不稳、易惊等,应该去医院检查,找出病因,及时治疗。

Part 9

宝宝8个月

8个月婴儿的发育特点

身体发育状况

体重　男婴约9.12千克　　女婴约8.49千克

身长　男婴约71.51厘米　　女婴约69.99厘米

坐高　男婴约45.74厘米　　女婴约44.65厘米

头围　男婴约45.13厘米　　女婴约43.98厘米

胸围　男婴约45.28厘米　　女婴约44.40厘米

牙齿　大部分孩子已经开始出牙，有些孩子已经出了2～4个牙齿，即上门齿和下门齿。

月月谈

YueYueTan

141 Page

动作发育状况

8 个月的孩子不仅会独坐,而且能从坐位上躺下,扶着床栏杆站立,并能由立位坐下,俯卧时用手和膝趴着能挺起身来;会拍手,会用手挑选自己喜欢的玩具玩,但常咬玩具;会独自吃饼干。

语言发育状况

能模仿大人发出单音节词,有的小孩已经会说出双音节词"妈妈"了。

睡眠情况

8 个月的孩子每天需睡 14 ~ 16 个小时,白天可以只睡 2 次,每次 2 个小时左右,夜间睡 10 个小时左右。夜间如果尿布湿了,只要孩子睡得很香,可以不马上更换。但有尿布疹或屁股已经淹红了的孩子要随时更换尿布。如果孩子大便了,也要立即更换尿布。

心理发育状况

8个月的宝宝看见熟人会用笑来表示认识他们,看见亲人或看护他的人便要求抱,如果把他喜欢的玩具拿走,他会哭闹。对新鲜的事情会惊奇和兴奋。从镜子里看见自己,会到镜子后边去寻找。

8个月的宝宝一般都能爬行,爬行的过程中能自如变换方向。如坐着玩已会用双手传递玩具,相互对敲或用玩具敲打桌面。会用小手的拇指和食指对捏小玩具。如玩具掉到桌下面,知道寻找丢掉的玩具。知道观察大人的行为,有时会对着镜子亲吻自己的笑脸。

8个月的孩子常有怯生感,怕与父母尤其是母亲分开,这是孩子正常心理的表现,说明孩子对亲人、熟人与生人能准确、敏锐地分辨清楚。因而怯生标志着父母与孩子之间依恋的开始,也说明孩子需要在依恋的基础上,建立起复杂的情感、性格和能力。

孩子如见到生人,往往用眼睛盯着他,怕他抱走,感到不安和恐惧。对8个月的婴儿来说,这是一种正常的心理应激反应。为了孩子的心理健康发展,请不要让陌生人突然靠近孩子,抱走孩子。也不要在生人面前随便离开孩子,以免使孩子不安。

怯生是儿童心理发展的自然阶段,一般在短时间内可自然消失。对孩子的怯生,可以在教育方式上加以注意,如经常带孩子逛逛大街,上上公园,还可以听收音机,看看电视等,这样可使孩子怯生的程度减轻。总之,扩大他的接触面,尊重他的个性,不要过度呵护。这样可以培养孩子勇敢、自信、开朗、友善、富有同情心的良好心理素质。

月月谈
YueYueTan

早期教育与训练

动作训练

8个月的孩子已经爬得很好了，家长应该训练他站起来。开始先训练他扶栏杆站立。站立是行走的基础，只有当孩子的肌肉和骨骼系统强壮起来，才能扶栏杆站立，并逐渐站稳。

开始，孩子站不起来时，家长不要着急，可以给他帮帮忙，但要让他逐渐学会用力。当孩子能够扶着栏杆站起来的时候，家长要表扬他，称赞他，让他反复地锻炼，一直到能够很熟练地一扶栏杆就站起来，并且站地很稳。

要继续训练孩子手的动作，如让他把瓶盖扣到瓶子上，把环套在棍子上，把一块方木叠在另一块方木上……家长可以先做示范动作，然后让孩子模仿去做。在反复的动作中，使小儿体会对不同物体的不同动作，发现物体之间的关系，促进智力发育，同时也锻炼手的灵活性和手眼的协调。

感知能力的训练

可用多彩的玩具和孩子感兴趣的物质引导小儿去摆弄，边玩边看，提高感知能力。

语言训练

教小儿把动作和相应的词联系起来,如说"再见",一边说一边让孩子摆手,大人也边说"再见"边向他摆手,使孩子把摆手的动作和再见联系起来,逐渐懂得这个词的意思。还可以教他拍手"欢迎",点头"谢谢"等。训练他按照家长的话做出相应动作,加深对语言的理解。

生活习惯的培养

1. 大便

8 个月的孩子已经能坐得很好了,每天要让他自己坐盆大小便,在坐便的时候不要让他吃东西,也不要让他玩,不要坐的时间太长,大小便完后就起来。

2. 按时吃和睡

如果孩子不能按时吃和睡,也不必着急,每到该吃的时候,继续喂他吃,但不必强迫他吃;到该睡的时候仍然把他放在床上去睡。当他做得好的时候就称赞他,长时间坚持下去,就能使孩子养成有规律的生活习惯。

开始培养孩子的好习惯

不要让婴儿带着玩具上床。如果每晚上床睡觉时都给孩子玩具,他或许会只顾玩玩具而不睡觉。孩子一旦养成某种习惯,就会持续很多年,再大一点时,他可能会把更多的玩具带到床上去。

但是在特殊的情况下,如孩子有在睡前咬被角或吸吮手指的毛病时,可以给他一个玩具,帮助他改变坏习惯,这样做的时间不能太长,1~2周即可。

选择合适的玩具

可以给8个月的婴儿选购些塑料或橡皮狗、猫、公鸡等动物玩具。一边玩一边向孩子讲:"这是小狗,小狗'汪汪'地叫。"以后当孩子玩到这个小狗玩具时,就会联想到小狗的叫声,并有了"狗"的概念。

教孩子做游戏

可以和8个月的婴儿一起玩照镜子的游戏,抱着孩子面对一面大镜子,一边让他看,一边对他讲:"看看这个是谁呀?这是……(孩子的名字)。"孩子开始会很奇怪,甚至到镜子后边去看看,以后就会逐渐明白这就是他自己。他会开始了解实物和影子的不同。

另外,还可以对镜子做出各种表情,如微笑、大笑、皱眉、撅嘴,孩子也会模仿去做。

8个月婴儿的保健操

腿部运动:让宝宝成俯卧状态,家长在孩子后面,两手握住其手腕部,扶着宝宝跪起,然后再扶其站直。重复两遍(图25)。应该注意,当宝宝跪直后应该尽量让他自己用力站起来。

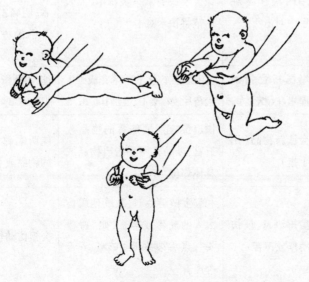

图25

表15　智能发育测试(8个月)

分　类	项　目	测评方法	通过标准
大动作	会自己匍行	宝宝俯卧,前面用玩具逗引,鼓励其匍行	会以手腹为支点向前匍行
	会自己坐起、躺下	宝宝仰卧,鼓励其坐起再躺下	能自己从仰卧变俯卧,再变成坐位,并会自己躺下
	用一条腿支持体重,想走	让宝宝靠栏边站立,前面用玩具逗引	抬起一只脚,用一条腿支持体重,想走
精细动作	用两块积木在手中对击	让宝宝一手拿一块积木,大人示范将积木对击	能把两手合到中间,用一只手中的方积木,明确击打另一只手中的方积木两次以上
	用拇指食指对捏米花(糖丸)	宝宝坐在桌旁,将大米花或维生素药片放在桌上,鼓励其捏取	能用拇指和食指对捏起米花
认知能力	会认新物品(用手指)	说出宝宝周围熟悉的物品或五官,鼓励其用手指出物品或身体部位	能听名称指出相应的物品或身体部位
言语	懂得语意、模仿动作或声音	和宝宝做游戏时,鼓励他模仿大人的动作或声音,如"碰碰头"、点头"谢谢"或咳嗽、弄舌等声音	会模仿动作或声音

续 表

分 类	项 目	测评方法	通过标准
情绪与社会行为	会推掉自己不要的东西	在宝宝面前出示两物,故意将其不要的东西给他,观察反应	会用手推掉自己不要的东西
	注意观察大人的行动	大人在宝宝面前做事时,观察其是否注意观看	会注视大人的行动

8个月婴儿的喂养特点

从孩子8个月起,母乳开始减少,有些母亲奶量虽没有减少,但质量已经下降。所以,此时必须给孩子增加辅食,以满足小儿生长发育的需要。

从8月起,母乳喂养的孩子每天喂3次母乳(早、中、晚),上、下午各添加一顿辅食。

人工喂养的孩子每天需750毫升牛奶,分3次喂,上、下午各喂一顿辅食。

孩子 8 个月时,消化蛋白质的胃液已经充分发挥作用了,所以可多吃一些蛋白质食物,如豆腐、奶制品、鱼、瘦肉末等。孩子吃的肉末,必须是新鲜瘦肉,可剁碎后加佐料蒸烂吃。

应该注意,增加辅食时每次只增加一种,当孩子已经适应了,并且没有什么不良反应时,再增加另外一种。此外,只有当孩子处于饥饿状态时,才更容易接受新食物。所以,新增加的辅食应该在喂奶前吃,喂完辅食之后再喂奶。

婴儿食鸡蛋要注意

鸡蛋营养丰富而且容易被消化吸收,是婴儿良好的食品。但由于婴儿胃肠功能弱,所以在喂婴儿鸡蛋时要注意以下几点。

1. 先给婴儿喂鸡蛋黄

蛋黄的营养价值比蛋清高出数倍,钙、铁和卵磷脂含量尤为丰富。

在给婴儿添加辅助食品时,宜先给予蛋黄,6 个月以下的婴儿不宜食用蛋清,否则可导致腹泻、湿疹、荨麻疹等变态反应。

10 个月以上的婴幼儿方可食用全蛋,且每日不宜超过 1 枚。而且鸡蛋不宜生吃,以蒸煮等烹调方法做熟后食用为宜,否则可导致生物素缺乏并妨碍对蛋白质的吸收利用。

2. 婴幼儿不宜过食蛋类

婴幼儿不宜过食蛋类,否则可导致消化不良、嗜睡、烦躁、皮疹、面色苍白、肌张力降低等。

如果婴幼儿粪便中发现有蛋白质杂质,则表明婴幼儿的胃肠功能已大受影响,应暂停食用蛋类。湿疹患儿也应暂时停食蛋类,以免加重过敏反应和胃肠负担。婴幼儿发热时也不宜吃蛋,否则可因为蛋白质的特殊动力效应而使机体产热增加,对病情不利。

3. 蛋类不宜代替瘦肉食用

蛋类食品不能长期代替瘦肉食用。对于生长发育中的婴幼儿来说,瘦肉更为有益些。一是因为蛋黄中胆固醇过高,而瘦肉中胆固醇的含量只有蛋黄的 10% 左右。长期食用蛋类食品,可诱发早期动脉硬化和原发性高血压。二则蛋类中含铁量虽然略优于瘦肉,但吸收率(蛋类为 3%)却比瘦肉的吸收率(10% ~ 22%)低得多。

当然,长期以瘦肉代替蛋类食品也不可取,因为蛋类含钙、磷、维生素 A 和维生素 D 更丰富些。

婴儿小食品制作

香蕉玉米面糊

把玉米面 2 大匙和 1/2 杯牛奶一起放入锅内,上火煮至玉米面熟了为止,再加剥皮后的香蕉 1/6 根切成薄片和少许蜂蜜煮片刻。

肉面条

把面条放入热水中煮后切成小段,和二小匙猪肉末一起放入锅肉,加海味汤后用微火煮,再加适量酱油,把淀粉用水调匀后倒入锅内搅拌均匀

月月谈　YueYueTan

后熄火。

虾糊

把虾剥去外壳,洗干净后用开水煮片刻,然后捣烂,再放入锅内加肉汤煮,煮熟后加入用水调匀的淀粉和少量盐,使其呈糊状后熄火。

奶油鱼

把收拾干净的鱼放热水中煮过后捣烂,把酱油倒入锅内加少量肉汤,再加切碎的鱼肉上火煮,边煮边搅拌,煮好后放入少许奶油和切碎的芹菜即可。

8 个 月 婴 儿 的 保 健

预防注射

孩子8个月时应到所属地段医院保健科、街道保健站、农村卫生院注射麻疹预防针。

麻疹是一种病毒引起的急性传染病,发病时可有高烧、眼结膜充血、流泪、流鼻涕、打喷嚏等症状,3~5天后,全身出现皮疹。出麻疹的孩子全身抵抗力降低,这时若护理不好,或环境卫生不良,很容易发生合并症。最多见的是麻疹合并肺炎、喉炎、脑炎或心肌损害,严重者会死亡。得过麻疹的人可以终身免疫。

注射麻疹预防针的目的是提高小儿血中抗麻疹病毒的抗体水平,使之对麻疹产生免疫力,避免发病。个别情况即使发病也很轻微,不至于危及生命。

小儿发烧与体温测量

当家长感到孩子不活泼、不爱玩或吃饭不香时,别忘了给他测测体温,看他是否发烧了。

有的家长只用手摸摸孩子的前额,这是很不准确的。有时候孩子体温正常,摸着他的头也许感觉热。有时孩子低烧,摸着头感觉是正常的。还有的时候是家长的手太凉或太热,所以不能正确估计出孩子是否发烧。最准确的方法是测量体温。

给孩子测量体温不能放在口里,因为他也许会把体温计弄破,割破口、舌或咽下水银,这是很危险的。给婴儿测体温只能从腋下或肛门测量。在量体温之前,先将体温计中的水银柱甩到35℃以下,然后把体温计夹在小儿腋下,体温表要紧贴小儿皮肤,不要隔着衣服。由家长扶着小儿的手臂约3～5分钟,取出观察体温表上的度数。

小儿的正常体温是36～37℃(腋下)。

如果孩子发烧,应让他卧床休息,多喝开水,体温太高可以物理降温,如酒精擦浴、冷毛巾湿敷、头枕冷水袋等,也可服退烧药片。

家长还要观察一下孩子其他的症状,如是否呕吐、腹泻、咳嗽、气喘等,

月月谈 *YueYueTan*

以便带他去医院看病时给医生详细地介绍,协助医生作出正确的诊断。

　　看病之后,就要按医嘱吃药,只要没有出现特殊情况,就不要接连不断地再去医院。

Part 10
宝宝9个月

9个月婴儿的发育特点

身体发育状况

体重	男婴约 9.4 千克	女婴约 8.8 千克
身长	男婴约 73 厘米	女婴约 71 厘米
坐高	男婴约 46 厘米	女婴约 45.2 厘米
头围	男婴约 45.6 厘米	女婴约 44.5 厘米
胸围	男婴约 45.6 厘米	女婴约 44.6 厘米

　　小儿的身高与营养状况有密切的关系,但同时也受到遗传、性别、母亲健康状况、生活环境等多种因素的影响。所以,身高不够正常标准的小

月月谈 *YueYueTan*

儿,不一定都有病,很可能是由于父母身材矮,孩子个头也不高。7 ~ 12 个月的小儿身高平均每月增长 1.2 厘米左右。

牙齿发育状况

小儿乳牙开始萌出时间,大部分在 6 ~ 8 个月时,最早可在 4 个月,晚的可在 10 个月。

小儿乳牙萌出的数目可用公式计算:月龄减去 4 ~ 6,例如 9 个月小儿,9 – (4 ~ 6) = 3 ~ 5。应该出牙 3 ~ 5 颗。

动作发育状况

9 个月小儿能够坐得很稳,能由卧位坐起而后再躺下,能够灵活地前、后爬,能扶着床栏杆站着并沿床栏行走。

会抱娃娃、拍娃娃,模仿成人的动作。双手会灵活地敲积木,会把一块积木搭在另一块上或用瓶盖去盖瓶子口。

语言发育状况

能模仿说出双音节词如"爸爸"、"妈妈"等。

睡眠情况

9 个月孩子的睡眠和 8 个月差不多,每天需睡 14 ~ 16 个小时,白天睡 2 次。正常健康的小儿在睡着之后,应该是嘴和眼睛都闭得很好,睡得很甜。若不是这样,就该找找原因。

心理发育状况

9 个月的孩子知道自己的名字,叫他名字时他会答应,如果他想拿某种东西,家长严厉地说:"不能动!"他会立即缩回手来,停止行动。这表明,9 个月的小儿已经开始懂得简单的语意了。这时大人和他说再见,他也会向你摆摆手;给他不喜欢的东西,他会摇摇头;玩得高兴时,他会咯咯地笑,并且手舞足蹈,表现得非常欢快活泼。

9 个月的宝宝在心理要求上丰富了许多,喜欢翻转起身,能爬行走动,扶着床边栏杆站得很稳。喜欢和小朋友或大人做一些合作性的游戏,喜欢照镜子观察自己,喜欢观察物体的不同形态和构造。喜欢家长对他的语言及动作技能给予表扬和称赞。喜欢用拍手欢迎、招手再见的方式与周围人交往。

9 个月的宝宝喜欢别人称赞他,这是因为他的语言行为和情绪都有进展,他能听懂你经常说的表扬类的词句,因而做出相应的反应。

宝宝为家人表演游戏,大人的喝彩称赞声,会使他高兴地重复他的游戏表演,这也是宝宝内心体验成功与欢乐情绪的体现。不要吝啬对宝宝

的鼓励,要用丰富的语言和表情,由衷地表示喝彩、兴奋,可用拍手、竖起大拇指的动作表示赞许。大家一齐称赞的气氛会促使孩子健康成长。这也是心理学讲的"正性强化"教育方法之一。

早 期 教 育 与 训 练

给 9 个月小儿选择玩具

可以给 9 个月婴儿一些能够拆开,又能够再组合到一起的玩具,让他拆了再装,装了再拆,他会感到有意思。但是拆开的玩具一定要足够大,如果太小,孩子会把它放在口中吞下去或塞入耳朵眼和鼻孔里,发生危险。最好给他一个收藏玩具的大盒子或篮子,这样玩具比较容易保存。每次玩时,可以让孩子坐在大床上或地毯上,也可以让他坐在小桌子旁边的小椅子上玩。让他自己从玩具盒里拿出玩具,玩过之后再自己放回原处,当然,在开始训练他这样做的时候,大人要帮助他,逐渐形成习惯。再大一点儿,他就可以完全自己做了。

智力与游戏

1. 爬行运动

家长可以在大床上放些玩具,引逗宝宝来回爬行。还可以用电动玩具引逗孩子捕捉。这样,孩子爬来爬去,一会向前,一会后退,可以训练大脑指挥肌肉协调运动,扩大宝宝认识周围世界的视野,促进大脑发育。有的专家认为,让孩子先学会爬,再学习走,有益于孩子语言的发展。

2. 拉抽屉

拿一样宝宝喜欢的玩具,告诉他放在桌子抽屉里,不要把抽屉关得太严,让玩具外露一点,然后让孩子拉开抽屉,取出喜爱的玩具。反复多次可以训练孩子手臂的运动,理解物与物之间的相互关系,促进解决简单问题的思维发展。

动作训练

9个月的孩子如果已经能够扶着床栏站得很稳了,就该训练他扶着床栏横着走。这看起来很简单,实际上也很不容易,这毕竟是小儿跨出的第一步,但是必须跨出这第一步,以后才能够扶着床栏走来走去。开始家长可以拿着有趣的玩具在床栏的一头来引逗孩子,孩子为了拿到玩具,就要想方设法地移动自己的身体,如果失败了,家长要鼓励他,如果成功了,家长要赞扬他。

要继续训练孩子手的动作。如把小棍插进孔里,再拔出来;把玩具放

在小桶里,再倒出来,两手同时拿玩具并将东西换手拿。锻炼小儿同时对两种物体做出两种动作,手眼协调一致。还应训练他学用杯子喝水。

大人可以通过游戏来训练孩子。当着孩子的面,把玩具拿走并藏起来。然后告诉他"没了",吸引孩子到处找,这样可以培养他追寻和探究的兴趣。

语言训练

9个月的孩子不但要教他听懂词音,而且该教他听懂词义,家长要训练孩子把一些词和常用物体联系起来,因为这时小儿虽然还不会说话,但是已经会用动作来回答大人说的话了。比如,家长可以指着电灯告诉孩子说:"这是电灯。"然后再问他:"电灯在哪?"他就会转向电灯方向,或用手指着电灯,同时可能会发出声音。这种声音虽然还不是语言,但对小儿发音器官是一个很好的锻炼,为模仿说话打基础。

家长还可以联系吃、喝、拿、给、尿、娃娃、皮球、小兔、狗等跟孩子说简单的词语,让他理解并把语言和物体与动作联系起来。

良好品质的培养

1. 不要呵斥和打骂孩子

当婴儿要动什么东西时,家长突然大声呵斥,会吓得孩子不敢去动了,这种作法是错误的。这会使孩子受到惊吓。正确的方法是告诉他为什么不能动这东西,并且拿其他的东西代替它,比如一个玩具等。另外,经常呵斥孩子等于给孩子作了一个坏榜样,等孩子长大一点,也会学着呵斥别人,并且吵闹、发脾气。因为婴儿的模仿能力特别强,所以父母想让孩子学好,必须言传身教。

2. 培养良好的生活习惯

家长在每次饭前要给孩子洗手,晚上睡觉前也要洗脸、洗手、洗屁股、洗脚,然后才能让孩子去睡觉。

孩子在夏天要每天洗澡,最热时可以每天洗 2 次澡,即午睡前和晚上睡觉之前。

天气冷了,也要每星期洗 1 次澡,洗澡时注意室温和水温,动作要快,不要让孩子受凉。

孩子的头发要每天梳理,经常洗,因为孩子还小,所以女孩子也不要留长头发。

9 个月婴儿的健身操

宝宝俯卧,两肘支撑身体,家长在孩子身后用双手握住宝宝的两只小腿,将双腿提起约 30°。此时应让宝宝双手用力支撑,并向上抬头。可锻炼臂力和颈肌(如图 26)。

图 26

表16 智能发育测试(9个月)

分　类	项　目	测评方法	通过标准
大动作	扶双手走步	将宝宝立于地面,扶住双手鼓励其迈步	能迈3步以上
	双手扶栏站起	宝宝坐在床上,将一玩具放在床栏上,鼓励他扶栏站起来	能自己扶栏站起直立半分钟
精细动作	开抽屉取玩具	当着宝宝的面将玩具放在抽屉里(抽屉仅放一玩具便于开关),先示范取出,再鼓励其取出	能打开抽屉取到玩具
认知能力	会认新物品(用手指)	让宝宝听名称指出相应物品或自己身体的部位	能听名称指出
言　语	招手"再见"	大人说"再见"时招手,让宝宝模仿动作	会招手表示"再见"
	拍手"欢迎"	大人说"欢迎"时拍手,让宝宝模仿动作	会拍手表示"欢迎"
情绪与社会行为	听到表扬会重复动作	宝宝模仿大人动作时,及时用言语、表情喝彩	听到表扬重复刚做的动作

9个月婴儿的喂养特点

9个月婴儿的喂奶次数应逐渐从3次减到2次,每天500毫升左右鲜奶已足够了,而辅食要逐渐增加,为断奶做好准备。

9个月的婴儿应增加一些土豆、白薯等含糖较多的根茎类食物,增加一些粗纤维的食物如蔬菜,但要把粗的老的部分去掉。9个月的小儿已经长牙,有咀嚼能力了,可以啃硬一点的东西。

婴儿小食品制作

煮白薯

把白薯洗干净去皮后切四个薄片,把苹果洗净去皮除核后也切成薄片,然后把白薯和苹果的薄片先后放入锅内,加入少许水后用微火煮,煮好后放入蜂蜜。

芝麻豆腐

豆腐1/6块用开水浸后控去水分,然后捣烂再加入炒熟的芝麻、豆酱、淀粉各一小匙混合均匀后做成饼状,再放入容器中用水蒸15分钟即可。此食品的特点是非常松软,易于消化。

9~11个月婴儿日营养量请参看表17。

表17 9~11个月婴儿一日营养量

食品	全日总量	次数	可替代的食品
母奶或牛奶	500毫升左右	分2~3次	
粥	2~3碗	分3次	烂面条、麦片、土豆、白薯
黄油	5克		色拉油、蛋黄酱、人造黄油
鸡蛋	1个		鹌鹑蛋4个、酸奶100克
鱼	30克		鱼肉松、鱼干
豆腐	50克		藕粉
肉末	30克		鸡肉松、猪肉松、鸡胸肉、火腿肉、小肠泥
水果	100克		苹果1/2个、桃子1个、枇杷2个、香蕉1个、橘子1个、草莓5个
蔬菜	40克		可选胡萝卜、菠菜、圆白菜、柿子椒等

1 岁以内的孩子不宜喂的食物

（1）刺激性比较强的食品。如可乐、茶水、咖啡、酒类等，这些食物对神经系统都有一定的刺激作用，易对孩子神经系统发育产生不良影响。

（2）黏性和坚果类食物。如粽子、元宵、糯米团、花生米、瓜子、豆类等。因为小儿消化功能差，上述食品不易消化，而坚果类食品不但不易消化，而且还易造成小儿气管异物。

（3）过甜、过咸、油腻、辛辣食物。如肥肉、巧克力等，这些食品易引起消化不良，造成代谢失衡。

（4）1 岁内小儿尽量不要喂冷饮，因为冷饮中含糖分高，还含有色素，易引起身体消化功能紊乱，影响正常营养食品的摄入。

断奶期婴儿饮食保健的原则

断奶是婴儿发育到一定阶段后的有计划的必经过程。在顺利添加辅食的条件下，出生后 8 ～ 10 个月为最佳断奶期。如果母乳充足，且处于不易获得动物食品和乳品缺乏地区，也可推迟断奶，但不宜超过一周。

1. 事先做好充分的准备

婴儿出生后 6 个月或更早的一段时间里，应每日定时定量供应辅助食品，每次吃完辅助食品后应酌情再让孩子饮用 50 ～ 100 毫升牛奶或吃吸少量母乳。以培养孩子对一般家庭膳食的适应能力和兴趣，逐渐减少对牛奶或母乳的依恋。

月月谈

如果孩子突然食欲不振，或不愿意吃辅助食物，只要孩子身体状况、精神和体重正常，就不要勉强孩子吃辅助食物，也不要喂哺牛奶或母乳。

2. 训练孩子自己动手进食

8～10个月的婴儿常常想自己动手吃饭。饭前应将婴儿的手洗干净，然后训练婴儿自己使用杯、碗、匙等进食。开始时应少给些食物，并多加耐心的指导，不要怕孩子把餐桌搞得一塌糊涂。

如果不让孩子多练习独立进食，就很难尽快培养起孩子对奶品以外的其他食物的兴趣，断奶也就难以成功。

3. 母亲应下定给婴儿断奶的决心

在给孩子正式断奶的数日至一周内，母亲要有一次断奶成功的决心。

断奶时，孩子会有几天哭闹，但无论如何，也不要用母乳喂养，否则将前功尽弃，还会影响孩子的胃肠消化功能。断奶期间的关键是母亲要痛下决心。

4. 避免使用骤然断奶的方法

断奶的前期准备工作从逐渐添加辅食开始，不应采取骤然的方法。应在逐渐减少喂奶次数的同时，逐渐增加辅助食品的次数和数量，直至完全不喂奶为止。

5. 避免盛夏时断奶

断奶时间最好选择在气候较凉爽的春秋季，不宜在盛夏时断奶，在盛夏时节，由于小儿的消化功能降低，抵抗力减弱，极易出现消化不良。

断奶时间的选择还应视孩子的健康状况而定。在孩子身体虚弱或病后恢复期，不宜进行断奶计划，应适当推迟断奶时间。

6. 断奶不能完全断奶类食物

尽管奶类食物已经不能完全满足婴幼儿日益成长的需要，但它仍不失为一种良好的营养性食品。断奶后的婴儿还应适当摄取鲜牛奶等奶品,以充分满足机体对动物蛋白质的需要。摄取量以不影响正常饮食和食欲为度。

9 个月婴儿的保健

牙齿保健

小儿出牙之后要注意保护牙齿,睡觉前不要吃食物,平时少吃甜食,每天早晚让孩子喝白开水以清洁口腔。

另外,不要让孩子养成吮手指、吃假奶头等坏习惯,这些都影响牙齿的生长。

打针与吃药的选择

孩子生病了,家长很着急,很多家长要求医生给孩子打针,以便使孩子好得快些。

其实,吃药还是打针应根据病情及药物的性质、作用来决定。有些病口服用药效果好,如肠炎、痢疾等消化道疾病,药物通过口服进入胃肠道,保持有效浓度,能收到很好效果。还有一些药只能口服,不能注射,如咳嗽糖浆等,所以家长不能只迷信打针。药物被口服之后,大部分都能够被

身体所吸收,经过血液循环运送到全身而发挥作用。通过打针注射给药,药物吸收快而规则,所以有些病是打针效果好。但是打针痛苦大,还有可能造成局部感染或损伤神经(虽然几率很小),反复打针,局部会有硬结,肌肉收缩能力减弱,少数发生臀大肌挛缩症,还得要进行手术治疗。所以,孩子有病,能口服药的应尽量口服。

Part 11
宝宝 10 个月

10 个 月 婴 儿 的 发 育 特 点

身体发育状况

体重 男婴约 9.66 千克　　女婴约 9.08 千克

身长 男婴约 74.27 厘米　　女婴约 72.67 厘米

坐高 男婴约 46.92 厘米　　女婴约 46.03 厘米

头围 男婴约 46.09 厘米　　女婴约 44.89 厘米

胸围 男婴约 45.99 厘米　　女婴约 44.89 厘米

牙齿 10 个月的婴儿一般出了 4~6 个牙齿，上边 4 颗切牙和下边 2 颗切牙。但也有些正常小儿从 10 个月才开始出牙。

月月谈
YueYueTan

动作发育状况

10 个月的婴儿能稳坐较长时间,能自由地爬到想去的地方,能扶着东西站得很稳。拇指和食指能协调地拿起小的东西。会招手、摆手等动作。

语言发育状况

能模仿大人的声音说话,说一些简单的词。10 个月的孩子已经能够理解常用词语的意思,并会一些表示词义的动作。10 个月的孩子喜欢和成人交往,并模仿成人的举动。当他不愉快时,他会流露出很不满意的表情。

睡眠情况

10 个月的孩子每天需睡眠 12 ~ 16 个小时。白天睡 2 次,夜间睡 10 ~ 12 个小时。家长应该了解,睡眠是有个体差异的,有的小儿需要的睡眠比较多,有的小儿需要的睡眠就少一些。所以,有的小儿到了 10 个月,每天还要睡 16 个小时,有的小儿只需 12 个小时就足够了。只要孩子睡醒之后,表现非常愉快,精神很足,也不必勉强他多睡。

心理发育状况

10个月的宝宝喜欢模仿着叫妈妈，也开始学迈步学走路了。喜欢东瞧瞧、西看看，好像在探索周围的环境。在玩的过程中，还喜欢把小手放进带孔的玩具中，并把一件玩具装进另一件玩具中。

10个月后的宝宝在体格生长上，比以前慢一点，因此食欲也会稍下降一些，这是正常生理现象，不必担心。吃饭时千万不要强喂硬塞，如硬让孩子吃会造成逆反心理，产生厌食。

这个阶段的孩子，是最喜欢模仿说话的时期，家长应抓住这一时期多进行语言教育。父母此时要对宝宝多说话，内容是与他生活密切相关的短语。如周围亲人、食物、玩具名称和日常生活动作等用语。注意不要教孩子儿语，要用正规的语言教他，当宝宝用手势指点要东西时，尽量教他发音，用语言代替手势。在学习的过程中，要让孩子保持愉快的心情。心理上愉悦健康的孩子学东西就快。

早期教育与训练

给10个月小儿选择玩具

10个月的孩子已经开始学走路了,可以给他选购能够拉着走并发出声响的玩具,如拖拉鸭子等,以提高孩子学走路的兴趣。

不要给孩子选购容易破碎或有尖锐棱角的玩具,也不要给他太重的玩具,以免使他受到意外伤害。更不要给他玻璃瓶、铅笔、火柴、体温表这类的东西当玩具,以免发生危险。

智力游戏

认图片,训练识别能力、记忆力、理解力。家长可以先让宝宝看图,再让他看实物,经多次反复对比观看,孩子会很快认识哪张图片代表哪个实物。最后可以把他熟悉的几张图片和其他图片混在一起,再让他从中找出他熟悉的那几张图片。如果孩子做到了就要大加赞扬,以增强宝宝学习的信心。

动作训练

10 个月的孩子大部分的运动仍是爬,有时扶栏站立和横走。身体很好的孩子,往往有独自站立的要求,扶着栏杆站立起来之后,会稍稍松手,以显示一下自己站立的能力,有时他能够站得很稳,甚至还会不扶任何东西自己站起来。这时,家长不要去阻止他,随他去站好了。为了训练他独自站立,家长可以先训练他从蹲着站起来,再蹲下再站起来。开始可以拉他一只手,使他借助一点力。独立站立是小儿学走的前奏。

家长要训练孩子配合大人穿衣服、穿袜子、洗脸、洗手和擦手等动作。因为这时小儿已经能够模仿大人动作了,手的动作也更加灵活了。

感官功能的训练

可以用各种人物及动物的色彩鲜艳的图片,让小儿观看,并结合看到的东西讲给他听,这时孩子虽然说不出,但完全看的懂。

语言训练

10 个月婴儿已经能够听懂成人的话了,应该教他模仿成人发音。

模仿语音是一个复杂的过程,小儿要看成人的嘴,模仿口形,要听发音,注意发音过程中口形的变化,协调发音器官唇、舌、声带的活动,控制

发声气流等。这么多的环节,需要听觉、视觉、语音、运动系统协调,任何一个环节发挥差,都给发音带来困难。家长教小儿说话时,一定要表情丰富,让孩子看清成人说话时的口形、嘴的动作,加深对语言、语调的感受,区别复杂的音调,逐渐模仿成人发音。此外,还可让孩子多听些儿童歌曲,使他感受音乐艺术语言。

培养良好的品质

现在的独生子女,都是父母的掌上明珠,但如果孩子有不合理要求,家长应该拒绝他,绝不能看到他一哭一闹,心软了就迁就他。要知道迁就会使孩子养成任性的习惯,越迁就,孩子越任性,长大之后就难以纠正了。比如,他玩玩具烦了,想要玩大人的眼镜,就要明确地告诉他:"这不是玩具,不能给你玩。"不管他如何哭闹,都不要去理睬他,等他闹过了,再和他讲道理。如果家长因为他哭闹而妥协的话,以后凡是没有满足孩子的要求,他就会以更加拼命的哭闹来达到目的。这样放任的结果是害了孩子。

培养良好的生活习惯

除了非常寒冷的天气外,应该每天让孩子外出坚持户外活动,接受阳光和新鲜空气。日光中含有红外线,可使人全身血管扩张,感到温暖,抵抗力增强。晒太阳可以促使皮肤制造维生素 D,帮助钙、磷吸收,使骨骼长得结实,可预防和治疗佝偻病。经常晒太阳,对小儿身体发育很有好处。

夏天晒太阳要注意防止中暑，不要在中午太阳最毒的时候出来。晒太阳时，给孩子戴上草帽，不要让阳光直射头部。冬天晒太阳时，不要把孩子捂得太严，也不要给他衣服穿得太多，影响孩子活动。

10 个月婴儿的保健操

俯卧直立运动：让宝宝俯卧在床上，家长在其身后用双手握住孩子两臂肘部，轻轻扶着宝宝让他自己用力站立起来。反复几遍（见图 27）。

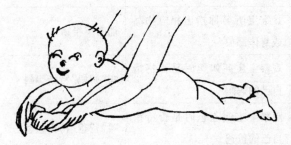

图 27

表18　智能发育测试(10个月)

分　类	项　目	测评方法	通过标准
大动作	能独站片刻	扶宝宝站立后松开手	能独站2秒以上
	扶椅或推车走几步	让宝宝扶着椅子、床沿或小推车,鼓励其迈步	能迈3步以上
精细动作	把一件玩具放进另一件中	让宝宝将眼前的玩具放进一个较大的容器(如小箱子、小篮子)里	能将1~2件玩具放进容器内
	食、拇指动作熟练	抱坐,将一粒米花放在桌上,鼓励宝宝捏取	能熟练用拇指、食指捏起米花,动作协调、迅速
认知能力	认识新的物品(用手指)	让宝宝听名称指出相应物品或身体部位	能听声指物
言　语	会叫"妈妈"	观察宝宝叫妈妈时是否特指自己的妈妈	叫"妈妈"特指妈妈
	会叫"爸爸"	观察宝宝叫爸爸时是否特指自己的爸爸	叫"爸爸"特指爸爸
情绪与社会行为	懂得命令	吩咐宝宝做三件事,如"把××拿来"、"坐下"、"把××给妈妈"等,不要做手势	能懂得并服从大人的指令,做相应的事懂得命令
	理解"不"	宝宝拿一玩具时,大人说"不要拿,不要动"但不做手势	宝宝立刻停止拿玩具的动作

喂养指导

10 个月婴儿的喂养特点

10 个月的孩子每天早 6：00、晚 22：00 吃两顿奶，上午、中午、下午吃三顿辅食。10 个月的孩子仍以稀粥、软面为主食，适量增加鸡蛋羹、肉末、蔬菜之类。多给孩子吃些新鲜的水果，但吃前要帮他去皮去核。

婴儿小食品制作

疙瘩汤

把 1/4 个鸡蛋和少量水放入三大匙面粉之中，用筷子搅拌成小疙瘩，把切碎的葱头、胡萝卜、圆白菜各二小匙放入肉汤煮软后，再把面疙瘩一点一点放入肉汤中煮，煮熟之后放少许酱油。

蒸鱼饼

把 1/2 条鱼去皮和骨、刺后，捣烂，与豆腐泥混合均匀做成小饼，放蒸

月月谈
YueYueTan

锅内蒸,把鱼汤煮开后加入少许豆酱汁,最后把蒸过的鱼饼放入鱼汤内煮熟。

蒸鱼饼的特点是能够保持鱼肉中的营养成分不丢失。

虾豆腐

小虾2条,豆腐1/10块,嫩豌豆苗2~3根煮后切碎,放入锅内,加切碎的生香菇1/4个,加海味汤煮,加白糖和酱油各一小匙,熟时薄薄地勾一点芡。

有助于婴儿长高的食物

一些父母对孩子的身高不满意,他们希望通过饮食来改善这种现状。那么,哪些食品有助于长个子呢?

1. 专家推荐的五类食品

(1)牛奶:牛奶被誉为"全能食品",含有丰富的蛋白质、钙、磷,对骨骼的生长发育极为重要。

(2)沙丁鱼:沙丁鱼是"蛋白质的宝库"。国内难以买到,可改吃鱿鱼、鲫鱼、鲤鱼或鱼松。

(3)菠菜:菠菜是"维生素的宝库",特别富含维生素C。每天吃100克菠菜,就可满足生长发育的需要。

(4)胡萝卜:胡萝卜富含胡萝卜素和维生素 B_1、维生素 B_2、维生素 B_{12} 和烟酸。小儿每天吃100克很有益处。

(5)柑橘:柑橘中A、B族维生素、维生素C和钙的含量比苹果多得多。广柑、柠檬都属柑橘类食品。

2. 最佳助长食品

专家们推荐的助长最佳食品有 100 多种,常见的有以下食品:

小麦、荞麦、脱脂奶粉、鹌鹑蛋、毛豆、扁豆、蚕豆、南瓜子、核桃、芝麻、花生、油菜、青椒、韭菜、芹菜、番茄、草莓、金橘、柿子、葡萄、小虾、牡蛎、鳝鱼、肝脏、鸡肉、羊肉、海带、紫菜、酵母、蜂王浆、蜂蜜等。

父母可以从中选择适合于婴儿的食物喂给婴儿。

另外,这个时期的婴儿如能适量食用赖氨酸含量高的食物,对长高也是很有利的。

10 个 月 婴 儿 的 保 健

给孩子喂药方法

小儿不愿吃药的原因,主要是怕苦,其次是家长经常给予孩子吃药、打针是一种惩罚的暗示。因此,家长在平时不要用打针、吃药吓唬孩子,当孩子顺利地吃下药时,就要鼓励和称赞。另外,要尽量想方设法减少药的苦味,以便使孩子能够接受。比如,把药研成粉和白糖拌在一起,或用两层果酱夹一层药粉放在勺子里一下喂进。汤药要煎得浓浓的,分几次喂进。鱼肝油类药物可滴在饼干上给孩子吃。给孩子喂药时,可让孩子坐在怀里,将头抬起,一手轻捏下巴,一手用勺将药喂进。喂药后立即喂

糖水,使孩子口中的余药全部吞下去。只要孩子咽下之后,就要表扬。若孩子吃药后哭闹时间过长,引起呕吐,还应重新喂药。

给小儿喂药必须注意剂量准确,一定要看清楚说明。有的家长把1/3片药错看成3片,这时就容易造成危险。给小儿喂药还要按时,每天两次的药在早晚服,每天3次的药在早、中、晚服,每天4次的药在早、中、晚和睡前服。喂药之后一定要多喂水,使药充分溶解,易于吸收。

婴儿不宜滥用抗生素

当孩子生病时,很多家长迷信抗生素,坚持要给孩子吃"消炎药",或要求注射抗生素。

抗生素能够杀灭或抑制危害人体的病菌,使很多的疾病得到有效的治疗,但是不能包治百病。比如,绝大多数孩子感冒发烧,都是病毒感染引起的,抗生素对病毒性疾病没有疗效。而且,常用抗生素,还会使细菌产生抗药性,给治疗疾病带来困难。滥用抗生素还增加了发生过敏和毒性反应的机会,有的小儿就因为感冒发烧注射庆大霉素,结果造成耳聋。滥用抗生素,还可能使在原有疾病的基础上产生新的疾病,也就是说,大量的抗生素抑制了敏感的细菌,却使耐药的细菌乘机大量繁殖,造成机体菌群失调,发生二重感染。所以家长要切记,抗生素只能在医生的指导下使用。

如何预防小儿缺锌

锌是一种人体内必不可少的微量元素。如果锌缺乏，就会发生一些疾病或引起小儿生长障碍。缺锌的小儿一般都食欲不好，又矮又瘦，免疫力低下，很爱生病。特别容易患消化道或呼吸道感染、口腔溃疡等。如果小儿诊断为锌缺乏症，可以服用硫酸锌治疗。缺锌的孩子平时应注意膳食要合理，动物食品要占一定比例。同时孩子要养成良好的饮食习惯，不要挑食、偏食。

婴儿忌多食西瓜

西瓜是消暑解热佳品，暑热时婴儿适当吃些西瓜对健康有益，但若食用不当或食用过多，则会影响婴儿健康。

婴儿在短时间内进食较多的西瓜，会造成胃液稀释，而且由于婴儿的消化功能还没有发育完全，会出现严重的胃肠功能紊乱，还会引起婴儿呕吐、腹泻，以至脱水、酸中毒等症状，严重时会危及生命。腹泻的婴儿更不可喂食西瓜。

另外，给婴儿西瓜时一定要将西瓜的籽去掉，否则易引发婴儿便秘或使瓜籽误入气管而引发危险。

Part 12
宝宝 11 个月

11 个月婴儿的发育特点

身体发育状况

体重 男婴约 9.8 千克　　女婴约 9.3 千克

身长 男婴约 75.5 厘米　　女婴约 74 厘米

头围 男婴约 46.3 厘米　　女婴约 45.3 厘米

胸围 男婴约 46.37 厘米　　女婴约 45.3 厘米

坐高 男婴约 47.8 厘米　　女婴约 46.7 厘米

牙齿 按照公式计算,应出 5~7 颗牙齿,当然也有些孩子刚刚开始出牙,但乳牙萌出最晚不应该超过 1 周岁。

　　小儿正常出牙顺序是这样的,先出下面的一对正中切牙,再出上面的正中切牙,然后是上面的紧贴中切齿的侧切牙,而后是下面的侧切牙。小儿到 1 岁时一般能出这 8 颗乳牙。1 岁之后,再出下面的一对第一乳磨牙,紧接着是上面的一对第一乳磨牙,而后出下面的侧切牙与第一乳磨牙之间的尖牙,再出上面的尖牙,最后是下面的一对第二乳磨牙和上面的一对第二乳磨牙,共 20 颗乳牙,全部出齐在 2 ~ 2.5 岁(见表 19)。

表 19　牙齿萌出的时间和顺序

	牙种类		年　龄	出牙总数
乳牙	下中切牙	2	4~10 月	2
	上切牙	4	6~14 月	8
	下侧切牙	2		
	第一乳磨牙	4	10~17 月	12
	尖牙	4	16~24 月	16
	第二乳磨牙	4	20~30 月	20
恒牙	第一磨牙(6 岁磨牙)	4	6~7 岁	4
	切牙	8	6~9 岁	12
	双尖牙	8	9~13 岁	20
	尖牙	4	9~14 岁	24
	第二磨牙(12 岁磨牙)	4	12~15 岁	28
	第三磨牙(智齿)	4	17~30 岁	32

　　如果小儿出牙过晚或出牙顺序颠倒,可能会是佝偻病的一种表现。严重感染或甲状腺功能低下时也会出牙迟缓。

动作发育状况

坐着时能自由地向左右转动身体,能独自站立,扶着一只手能走,推着小车能向前走。能用手捏起扣子、花生米等小东西,并会试探地往瓶子里装,能从杯子里拿出东西然后再放回去。双手摆弄玩具很灵活。

会模仿成人擦鼻涕、用梳子往自己头上梳等动作,会打开瓶盖,剥开糖纸,不熟练地用杯子喝水。

语言发育状况

11 个月的孩子喜欢嘟嘟叽叽地说话,听上去像在交谈,喜欢模仿动物的叫声,如小狗"汪汪"、小猫"喵喵"等。能把语言和表情结合起来,看到不想要的东西,会一边摇头一边说"不"。

睡眠情况

11 个月的小儿每天需睡 12～16 个小时,白天要睡 2 次,每次 1.5～2 个小时。

有规律地安排孩子睡和醒的时间,这是保证良好睡眠的基本方法。所以,必须让孩子按时睡觉,按时起床。睡前不要让孩子吃得过饱、玩得太兴奋,睡觉时不要让他蒙头睡,也不要抱着摇晃着他入睡,要让孩子养成良好的自然入睡的习惯。

心理发育状况

　　11个月的宝宝喜欢和爸爸妈妈依恋在一起玩游戏、看书画，听大人给他讲故事。喜欢玩藏东西的游戏。喜欢认真仔细地摆弄玩具和观赏实物，边玩边咿咿呀呀地说着什么。有时发出的音让人莫名其妙。这个时期的孩子喜欢的活动很多，除了学翻书、讲图书外，还喜欢玩搭积木、滚皮球，还会用棍子够玩具。如果听到喜欢的歌谣就会做出相应的动作来。

　　11个月的孩子，每日活动是很丰富的，在动作上从爬、站立到学行走的技能日益增加，他的好奇心也随之增强，宛如一位侦探，喜欢把房里每个角落都了解清楚，都要用手摸一摸。

　　为了孩子心理健康发展，在安全的情况下，尽量满足他的好奇心，要鼓励他的探索精神不断发展，千万不要随意恐吓孩子，以免伤害他正在萌芽的自尊心和自信心。

早期教育与训练

摇摆训练

这一时期主要培养孩子做大动作并掌握平衡能力,通过学摇摆舞培养节奏感。

让宝宝坐在床上或扶站在床边,打开收录机放一段节奏感较强的婴儿音乐。大人可以用手扶着他的两臂腋下,左右摇摆。经反复多次练习,逐渐让他自己学会随着音乐的节奏而摆动。

动作训练

11个月的孩子如果已经站得很稳了,就该训练跨步向前走。开始,大人可以扶着他两只手向前走,以后只扶一只手,逐渐过渡到松开手,让他独立跨步。如果孩子胆小,大人可以保护他,使他有安全感。开始练走时,一定要防止孩子摔倒,以使孩子减少一些恐惧心理;等他体会到走路的愉快之后,他就会大胆迈步了。

若赶上冬季,刚开始学走路的孩子,衣服不要穿得太多、太厚,以免行动起来很不方便。孩子的鞋要轻便合适,不要太大或太小,训练孩子走路的地方要平坦,每次训练时间不要过长,不要太劳累。

认知训练

给宝宝两块积木,一个乒乓球,教他把积木搭起来。再试着把乒乓球放在第二块积木上,但乒乓球总是会掉下来滚走,这时再给他一块积木放在第二块积木上,这次他成功了。这样可训练宝宝的观察力和肌肉的动作,认识物体的立体感、物与物之间的关系、球形物体可以滚动的概念。

语言训练

对 11 个月的孩子,家长要给他创造说话的条件,如果孩子仍用表情或手势、动作提出要求,家长就不要理睬他,要拒绝他,使他不得不使用语言。如果小儿发音不准,要及时纠正,帮他讲清楚,不要笑话他,否则他会不愿或不敢再说话了。

培养孩子语言美

孩子模仿能力很强,听见骂人的话也模仿,11 个月的孩子头脑中还没有是非观念,他并不知道这样做对不对。当他第一次骂人时,家长就必须严肃地制止和纠正,让他知道骂人是错误的。千万不要因为孩子可爱,认为说出骂人的话也挺好玩,就纵容他。否则,小孩会把骂人的事当作好

玩的事来干,养成坏习惯。

11 个月婴儿的健身操

弯腰运动:孩子直立,家长在后面一手扶住宝宝腹部,另一只手扶住两膝,在孩子前方放一玩具,让孩子弯腰捡起玩具(图28),反复几次。

图28

图20　智能发育测试(11个月)

分　类	项　目	测评方法	通过标准
大动作	会扶家具行走	将宝宝领至小床边有栏杆处或长沙发边用玩具逗引	能扶家具走3步以上
	独站站稳	扶宝宝站稳,给他手中放一玩具后松手	能独站10秒
精细动作	打开包积木的纸	在宝宝注视下,用一张信纸包起一块积木。打开,再包上,鼓励宝宝找积木	宝宝主动打开包积木的纸寻找积木,将积木拿到手
	把硬皮书打开、合上	在宝宝眼前示范将硬皮书打开再合上	能模仿大人将硬皮书打开、合上
	将圆环套在细柱子上	向宝宝示范用直径约10厘米的环套在笔杆上,鼓励其学着做	能准确将环套在笔杆上
认知能力	能听声指物或图各3种	让宝宝听名称指物或图片各3种	能准确无误地指出大人说出的物品或图片
	知道用棍子够玩具	将玩具放到宝宝可望而不可及的地方,在宝宝身边放一支棍子,看他是否知道用棍子够玩具	只要知道能用棍子够取玩具即可,不一定要取到玩具

续　表

分　类	项　目	测评方法	通过标准
言语	说些莫名其妙的话	宝宝安静、愉快时,观察他的自言自语	说出听不懂的由2～3个字组成的一句话
	有意识发"爸爸妈妈"以外的一个字音(如"要"、"走"、"拿"等)	观察宝宝是否能有意识地发一个字音,表示一个特定的意思,如"要"表示要什么东西	能发一个字音,表示特定的意思或动作
情绪与社会行为	随音乐或歌谣做动作(如点头、拍手、踏脚、摇身等)	放音乐或念儿歌,鼓励宝宝随节奏做点头、拍手、踏脚、摇身等动作	能随音乐或儿歌的节奏做简单的动作

喂养指导

11 个月婴儿的喂养特点

11 个月的孩子仍应每天早晚喂奶,三餐喂饭。

孩子出生之后是以乳类为主食,经过一年的时间要逐渐过渡到以谷类为主食。快 1 岁的孩子可以吃软饭、面条、小包子、小饺子了。每天三餐应变换花样,使孩子有食欲。

婴儿小食品制作

番茄饭卷

将 1/2 个鸡蛋调匀后放平锅内摊成薄片,将切碎的胡萝卜和葱头各 1/2 小匙用油炒软,再加入软米饭一小碗,和番茄二小匙拌匀,将混合后的米饭平摊在蛋皮上,然后卷成卷儿,切成小卷子状食用。

肉丸粥

鸡肉末一大匙,将一大匙葱头在锅内放油炒过,再与鸡肉末一起混合做成鸡肉丸子,把鸡汤倒入锅内加鸡肉丸子煮,开锅后再将米饭放入一起煮,煮熟时加少许盐。

肉松饭

鸡肉末一大匙放入锅内,加少许白糖、酱油、米酒,边煮边搅拌使之均匀混合,煮好后放米饭一碗焖熟,熟后切一片花型胡萝卜在上面做装饰。

豆腐饭

把半块豆腐放在开水中煮一下,切成小方块,将一碗米饭放锅内加海味汤一起煮,煮后加入豆腐和少许酱油,最后撒少许青菜末,再稍煮片刻即可。

不爱吃蔬菜的婴儿怎样喂养

婴儿能吃米饭后,很多母亲就不为他做什么特殊的代乳食品,而让婴儿与父母一起吃饭了。在吃饭时想让孩子多吃些蔬菜,可有些孩子却怎么也不吃。母亲该怎么办呢?

1. 母亲的"对策"

孩子无论如何都不吃蔬菜,无论是菠菜、卷心菜,还是胡萝卜、土豆,都用舌头顶出来。于是许多母亲就想出了一些妙招,把蔬菜切碎后与鸡蛋做成蔬菜蛋卷,或者放入碎肉中搅拌,做成肉饼给孩子吃。

可有些"强硬"的婴儿,一旦混入了青菜,就连鸡蛋和肉饼也不吃了。这样一来,很多母亲就会担心孩子不吃蔬菜会不会引起某种营养的不足呢?

2. 婴儿不吃蔬菜母亲用不着担心

其实,母亲不必过多去考虑婴儿厌吃蔬菜的问题。

人类吃蔬菜的目的是为了补充钙、钾、铁这样的矿物质和维生素 A、维生素 C 以及维生素 B 等,但这些营养成分在蔬菜以外的其他食物中也有。如在牛奶、奶粉和鱼类、肉类中就含有大量的维生素 A 和矿物质;在水果中含有维生素 C 和维生素 B。这样,即使婴儿一点蔬菜都不吃,只要充足地喝牛奶、吃水果,就不会导致营养不良。当然,婴儿能吃蔬菜是最好的了。

也有不少孩子在婴儿时期不吃蔬菜,而长大后却逐渐喜欢吃蔬菜了。如果用了各种办法,可婴儿就是不吃的话,可用水果来代替蔬菜。父母在每顿饭时都不要强迫婴儿吃他不喜欢吃的东西。因为孩子能愉快地吃饭,比吃什么重要得多。

怎样喂养咽喉过敏婴儿

有些婴儿的辅食一直是较软的糊状的食物,到 10 个月后若给喂稍硬一些的硬食物、没吃惯的食物或水分很少的食物时往往会吐出来,这就是婴儿咽喉过敏。

1. 咽喉过敏婴儿的食谱

咽喉过敏婴儿一直都不能吃米饭,而要喂一些煮得烂烂的粥或面条等,增添不了其他的代乳食品。其营养素的来源大多来自牛奶。所以这种婴儿的食谱一般是:每天喝 4 ~ 5 次牛奶,每次 200 毫升。吃半熟的鸡蛋黄 1 ~ 2 次,外加一些粥或糊状食品(如蔬菜泥、肝泥等)。

尽管这种饮食结构不合常识,但它却对咽喉过敏婴儿有效。只要婴儿的精神状态良好,就说明婴儿不存在营养不良的现象。

如果婴儿身体的其他部位没有异常,而仅仅是咽喉过敏就不用担心。父母可以让婴儿一点一点地适应,不久,宝宝也会像其他正常的婴儿一样吃正常的辅食。

2. 怎样给咽喉过敏婴儿补充蔬菜

有些咽喉过敏的婴儿可以从牛奶、鸡蛋、鱼中充分摄取到动物蛋白,但蔬菜类的摄取却不足。

在这种情况下,父母可以把蔬菜切碎后放到粥中,或者将蔬菜切得细细的做成蔬菜汤喂给孩子,这样就可以补充蔬菜的不足。如果婴儿能吃婴儿食品中的粉末蔬菜,也可以喂给婴儿。

如果一些咽喉过敏婴儿一点也不吃加了蔬菜的米粥,那就可以用果

月月谈 YueYueTan

汁代替蔬菜；如果婴儿连果汁也不喜欢喝时，就要注意给婴儿添加复合维生素成分，以防婴儿体内缺乏维生素。

11个月婴儿的保健

肝偏大是病吗

小儿摸上去肝偏大，这一般是正常生理现象。这是因为小儿腹肌松软，腹壁薄，容易在右肋下摸到肝脏。3岁以内小儿，肝不超过肋下2厘米，质软，边缘清楚，均属正常。小儿生长发育迅速，代谢旺盛，肝的血容量相对比成人要高，而肝脏是人体具有加工、合成、分解、代谢功能的重要器官，所以小儿肝脏的体积相对地比成人大些。

但是，当小儿患营养不良、佝偻病、贫血等疾病时，也会引起肝脏偏大。

防止出现意外事故

孩子会走以后，眼界大开，对于一切事物都感到新鲜、好奇，他们对什么都感兴趣，都想试探一下。因此，家长必须随时注意他们，防止意外事故发生。

1 岁左右的孩子有个特点，不论见了什么，都爱放进嘴里，所以像珠子、扣子、别针、小钉子这类东西，家长要收好，不要给小孩玩，以免他们咽进肚里或塞进鼻孔、耳朵里。

家里的汽油、煤油、碘酒、酒精、洗涤液等东西和大人吃的药，都要放在孩子拿不着、够不到的安全地方，以免被孩子误服后发生危险。

如果孩子从高处摔下来，要观察他的神志，若出现呕吐或昏迷等情况，应想到可能是头部受伤，要立即送医院治疗。

舌系带过短要尽早手术

有些孩子说话发音时，一些字、音咬不清，这在 1 岁以内的小孩是常见的。也有一些孩子是由于舌系带过短而造成发音不清，这需要检查治疗（图 29）。

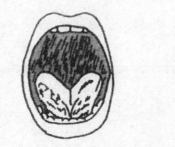

图 29

舌系带是舌尖下方一条纵行的薄薄的黏膜，如果舌系带过短，舌头伸展受到限制，发音吐字就会受到影响。

　　检查舌系带是否过短，方法很简单，让孩子学伸舌的动作，当舌尖是尖形或圆形时，就是正常的，若是形成 M 形的舌尖，中间有一条明显的凹陷，就是舌系带过短。

　　舌系带过短大多是先天性的，也有一些是由于后天创伤引起的。若确诊为舌系带过短，可进行手术矫治。

月月谈

YueYueTan

Part 13
宝宝1岁

12～14个月幼儿的发育特点

身体发育状况

　　1岁的孩子度过了婴儿期,进入了幼儿期。幼儿无论在体格和神经发育上,还是在心理和智能发育上,都出现了新的发展。

体重	男婴约10.14千克	女婴约9.58千克
身长	男婴约77.14厘米	女婴约75.69厘米
坐高	男婴约48.46厘米	女婴约47.41厘米
头围	男婴约46.47厘米	女婴约45.45厘米
胸围	男婴约46.54厘米	女婴约45.61厘米
牙齿	已长出6～8颗牙。	

月月谈
YueYueTan

动作发育状况

1 岁的孩子已经能够直立行走了,这一变化使孩子的眼界豁然开阔。1 岁的孩子开始厌烦母亲喂饭了。虽然自己能拿着食物吃得很好,但还用不好勺子。对别人的帮助很不满意,有时还大哭大闹以示反抗。要试着自己穿衣服,拿起袜子知道往脚上穿,拿起手表往自己手上戴,给他个香蕉他也要拿着自己剥皮。这些都说明孩子的独立意识在增强。

语言发育状况

1 岁的孩子不但会说"爸爸"、"妈妈"、"奶奶"、"娃娃"等,还会使用一些单音节动词如拿、给、掉、打、抱等。发音还不太准确,常常说一些让人莫名其妙的语言,或用一些手势和姿态来表示。

睡眠情况

每天需 14～15 个小时,白天睡 1～2 次。

心理发育状况

1 岁的孩子,虽然刚刚能独自走几步,但是总想到处跑。喜欢到户外活动,观察外边的世界,对人群、车辆、动物都会产生极大兴趣。喜欢模仿大人做一些家务事。如果家长让他帮助拿一些东西,他会很高兴地尽力拿给你,并想得到大人的夸奖。

这时的孩子更喜欢看图画、学儿歌、听故事,并且能模仿大人的动作,能搭 1~2 块积木,会盖瓶盖。有偏于使用某一只手的习惯。喜欢用摇头表达自己的意思。如果你问他喜欢这个玩具吗? 他会点头或摇头来表达。你要问他几岁了,他会用眼注视着你,竖起食指表示 1 岁了。

对于 1 岁的孩子,虽然对学习很有兴趣,但教他知识时,一次只能教一种,记住后,再巩固一段时间,再教第二种。在日常生活上,如给他苹果、香蕉、饼干,要从 1 开始,竖起 1 个手指表示 1,你还可以反过来问他,"是几个?"也让他学习你用语言表达 1,并竖起食指表示 1。这种方法可以发展数字概念思维。

1 岁多的孩子在语言上、动作上进步很大,能够表情丰富地和妈妈爸爸交谈。喜欢牵着拖拉玩具到处走。喜欢参与家庭生活小事。如果冬天到室外玩,知道把帽子放在自己的头顶上。穿衣、脱衣时双臂可随大人做上下运动。知道拿东西给爸爸、妈妈。喜欢自己洗脸、洗手、洗脚。家长要抓住这一阶段儿童的心理特点,不失时机地培养孩子的独立生活能力。

这一年龄段的宝宝,虽然会说几个常用的词汇,但是,语言能力还处在萌芽发展期,很多内心世界的需要和愿望不会用关键的词来表达,还会经常用哭、闹、发脾气来表达内心的挫折。这时,家长该怎么办呢? 千万

不要也用发脾气的方法对付孩子。应该尽量用经验和智慧来理解他的愿望,猜测孩子需要什么,尝试用不同方法来满足孩子,或者转移他的注意力,让他高兴起来,忘掉自己原来的要求。

让孩子有轻松愉快的情绪,就要对孩子不舒适的表示及时作出反应,让孩子感到随时处于关怀之中,这样孩子才会对环境产生安全感,对他人产生信任感。家长不要担心这样会把孩子"宠坏了",其实,宝宝在家长的亲切关心下,得到安抚和愉快,有利于学习和探索新的事物。

早期教育与训练

1 岁孩子的发育状况

1 岁左右的孩子,各方面较以前都有了进步,不能再只让孩子玩玩彩球、彩带,摇摇哗啷棒了。这时教育的重点应放在接触生活实际,了解周围环境,发展认人识物的能力、独立行走的能力以及语言表达能力上。

1 岁左右的孩子能站立了,但行走还不够稳,这时可以给孩子买几样带轮的带响的玩具。如学步车、小推车、一拉就叫的小木鸭等,以提高孩子学走路的兴趣。在这一阶段孩子视野开阔了,所见到的、听到的,接触到的各类事物都比以前增加许多,但记住的还不多,会说出来的就更少了。因此需要大人反复地教,把玩具或某种东西放在他的面前,告诉他这个东西叫什么,是做什么用的,鼓励孩子说出来。如在吃饭前把桌子放好，再摆上吃饭用具筷子、勺、碗等，教孩子认识，再结合可口的饭菜，能很快增加孩子的理解能力和记忆能力。这样孩子学起来容易，如果拿一些很抽象的词教孩子，没有实物，孩子不易接受。

1岁以后，家长要帮助孩子学会认识事物，可以到动物园看看各类动物。周岁左右的孩子，对一些事物非常喜欢，不但想看，而且还想摸。家长可让他摸摸家养的猫、兔、小鸟，但不要让动物吓着孩子。

在实际生活中还有许多知识，需要家长认真坚持教孩子学习，比如，孩子每天吃水果之前，家长可把苹果、梨、香蕉、橘子等水果拿给孩子看，给他讲其形状、颜色、味道等，然后再给孩子吃。另外，还可以给孩子选购一些婴儿画册，要内容简单、色彩鲜艳、图形较大的，一边看一边讲给孩子听，时间不能太长，一般5～10分钟即可。在孩子学走路的过程中，免不了要摔跤，有时还把衣服弄得很脏。父母不要责怪孩子，要鼓励孩子，让他自己站起来，不要怕，要勇敢地继续往前走。在教孩子说话时，不要操之过急，慢慢来，更不要哄吓。因为学习说话并不是教得多学得多，这要靠语言中枢神经的发育逐步成熟。当然如果到了语言中枢发育成熟阶段，没有人教孩子说话，他也不会说话的，如果教孩子说话过于着急，甚至恐吓，容易使孩子形成"口吃"。

这么大的孩子，可以与大人玩简单的游戏了，孩子们都爱玩捉迷藏，一旦捉到，孩子会高兴得直叫。也可以把玩具藏到不易找到的地方，让孩子去找，他会很认真地寻觅"狗熊哪去了?""汽车放在哪啦?"他会东转转、西瞅瞅，经过自己的努力，终于找到了，他会表现得极为高兴，连喊带叫。这些令孩子愉快而有趣的游戏可以锻炼孩子的智能和身体感觉，体验空间的位置，这是发展孩子空间知觉的重要方法。

1岁的孩子，手更加灵活了，不但能拿住东西，而且还能松开，这也是一大进步。还能用拇指和食指准确地捏取大米花或线绳，能把一块积木

搭在另一块积木之上，还会把小玩具块放在小桶里收起来。

在这一段时间，主要训练孩子独自站立、蹲下、迈步及走路。在冬季，室内要尽量安排出宽敞安全的活动区，注意将花盆、热水瓶、火炉放好，注意电插孔要封好，防止碰烫着孩子，防止孩子小手放进插孔内触电。天气好时，最好在室外活动。

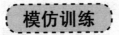 模仿训练

模仿动物举止与叫声，发展语言学习能力，锻炼运动的平衡能力。

从动物图片上，找到他喜欢的图卡。如小狗、小猫、小鸡、小鸭、小羊等。可以给他讲故事、唱儿歌。一边讲，一边让孩子出示图片。

如：小鸡唱歌叽叽叽，　小鸭唱歌嘎嘎嘎，

　　小狗唱歌汪汪汪，　小羊唱歌咩咩咩，

　　小猫唱歌喵喵喵。

一边说还可以一边做动作，这样反复游戏后，再让宝宝模仿动物的叫声和动作。

滑梯运动

培养宝宝勇敢进取的精神，锻炼平衡技巧能力。

在儿童游乐场，找一约有成人腰高的小滑梯，大人从侧面将宝宝抱上滑梯，再扶着他从上慢慢滑下来。经过一段时间的练习，宝宝就会自己玩耍了。

1岁婴儿的健身操

跳跃运动

宝宝直立,家长用双手扶住孩子腋下,让孩子跳跃。开始跳时,家长双手可稍用力向上托,逐渐过渡到孩子自己跳跃(图30)。

图30

表21 智能发育测试(1岁)

分 类	项 目	测评方法	通过标准
大动作	独走几步	让宝宝独站,鼓励他在父母之间独自走2~3步	能独走2~3步
精细动作	用蜡笔在纸上戳出点	示范用蜡笔在纸上戳出点或画道道	能用手握蜡笔在纸上戳出点或画道道

续　表

分　类	项　目	测评方法	通过标准
认知能力	搭积木1~2块	示范将1~2块方积木搭在同样的积木上	会搭1~2块积木不倒
	会盖瓶盖	将瓶盖盖在瓶上,鼓励宝宝盖(瓶盖反放在桌上)	会将瓶盖翻正后盖在瓶口上,不必拧紧
	拉双绳取物	用120厘米长的绳子穿过一个杯把手,绳子两端放在桌上宝宝能够着的地方,鼓励宝宝将杯子拉过来	知道同时抓住绳子的两头,将杯子拉过来
	竖起食指表示自己"1"岁	问宝宝"几岁了",要求竖起食指回答	会竖起食指表示自己"1"岁
言　语	说2~3个字如"要"、"走"、"拿"等。	观察宝宝有意识地说话的情况	有意识说出2~3个以上的单字("爸"、"妈"除外)
情绪与社会行为	要东西知道给	向宝宝要其手中的玩具或食物	理解语言知道将大人要的东西给出
	用点头、摇头表示同意或不同意	观察宝宝表示同意或不同意时的动作	会用点头表示同意,用摇头表示不同意

表22　智能发育测试(1岁1个月)

分　类	项　目	测评方法	通过标准
大动作	手足并用爬上1~2级台阶	在楼梯上放一玩具,鼓励宝宝去取	能手足并用爬上1~2级台阶
精细动作	堆砌2块积木	示范搭高2块方积木,推倒后鼓励宝宝搭高	搭高2块方积木,3试2成即可
认知能力	指身体3个部位	家长问宝宝"鼻子在哪儿?"、"眼睛在哪儿?"、"耳朵在哪儿?"	能用手一一正确指出身体的3个部位,5试3成即可
言　语	说出儿歌的最后一个字	对宝宝念3个字一句的一首儿歌,鼓励他说出每句儿歌的最后一个押韵的字	能跟说2句儿歌的最后一个字
情绪与社会行为	听到叫自己的名字会走过来	家长在宝宝背后叫他的名字	听到叫自己名字后知道自己走过来,不会走的孩子会扶住家具想法走到大人身边

表23 智能发育测试(1岁2个月)

分　类	项　目	测评方法	通过标准
大动作	双臂随大人上下运动	在宝宝注视下,大人举起双臂过肩、再放下,鼓励宝宝模仿	双臂能随着大人的口令上、下运动
精细动作	投一个小丸入瓶	鼓励宝宝将1粒葡萄干投进瓶口直径约2.5厘米的瓶子里	能准确投入小丸
认知能力	知道烫的东西不去动	观察宝宝对烫的东西如热水瓶等不能摸是否有记忆	知道烫的东西不能摸
言　语	说2~3个字的话	观察宝宝有意识地讲话的情形	能有意识地说出2~3个字组成的话(如"妈妈抱")
情绪与社会行为	完成指令"捡起玩具"	在宝宝的玩具掉在地上时,大人要他把玩具"捡起来"	能完成大人的指令

喂养指导

1岁婴儿的喂养特点

1岁左右的孩子,逐渐变为以一日三餐为主,早、晚牛奶为辅,慢慢过渡到安全断奶。如果正好在夏天,为了不影响孩子的食欲,可以略向后推迟1~2个月再断奶,最晚不要超过15月龄。

以三餐为主之后,家长一定要注意保证孩子辅食的质量。如肉泥、蛋黄、肝泥、豆腐等含有丰富的蛋白质,是孩子身体发育必需的食品,而米粥、面条等主食是孩子补充热量的来源,蔬菜可以补充维生素、矿物质和纤维素,促进新陈代谢,促进消化。孩子的主食主要有:米粥、软饭、面片、龙须面、馄饨、豆包、小饺子、馒头、面包、糖三角等。1岁孩子每日的膳食大致可以这样供给:粮食100克左右,牛奶500毫升加糖25克(分早晚两次喝),瘦肉类30克,猪肝泥20克,鸡蛋1个,植物油5克,蔬菜150~200克,水果150克。

有些家长为了增加孩子的营养,给孩子喝麦乳精,麦乳精是以糖为主要成分的食品,含蛋白质很少,热量虽高但达不到孩子生长发育所需的营养要求。长期食用,会抑制孩子食欲,引起营养不良。要想孩子长得健壮,家长必须调理好孩子的三餐饮食,将肉、鱼、蛋、菜等与主食合理调配。这么大的孩子,牙齿还未长齐,咀嚼还不够细腻,所以要尽量把菜做得细

软一些,肉类要砍成泥或末,以便孩子消化吸收。1岁的孩子,鱼肝油要加3滴,每日2次,钙片每次1克,每日2次。

1 岁婴儿食用蜂蜜要注意什么

婴儿吃蜂蜜是有助于其生长发育的。但由于婴儿的消化吸收以及其他系统的功能不完善,所以应注意以下一些问题。

1. 蜂蜜的作用

蜂蜜含有丰富的矿物质和各种维生素、氨基酸和酶类,能促使牙齿和骨骼长得结实,增强抗病能力。蜂蜜还能增强脑力,改善脑的生理功能。蜂蜜还有利于消化和润肠的作用,特别是喂牛奶的孩子应该常吃些蜂蜜。

蜂蜜不仅是甜美的食品,而且是治疗多种疾病的良药。因为它含有丰富的果糖、葡萄糖和维生素 C、维生素 D、维生素 B_1、维生素 B_2 及多种有机酸和人体必需的微量元素等。

很多年轻的父母,喜欢在喂小儿的牛奶中加入蜂蜜,以加强小儿营养。

2. 1 岁以内婴儿应少吃蜂蜜

尽管蜂蜜有上面那么多的作用,但1岁以下的婴儿还是应少吃蜂蜜。

在百花盛开之季,尤其是在夏季,蜜蜂难免会采集到一些有毒植物的蜜腺和花粉,若正好是用有致病作用的花粉酿制成的蜂蜜,就会使人中毒。

美国科学家认为,世界各地的土壤和灰尘中,都有一种称为"肉毒杆菌"的细菌,而蜜蜂常把带菌的花粉和蜜带回蜂箱,使蜂蜜受到肉毒杆菌的污染。极微量的肉毒杆菌毒素就会使婴儿中毒,其症状与破伤风相同。

所以 1 岁以内的婴儿最好是少食蜂蜜。父母可在婴儿长大一些,待身体素质增强后再补充一些蜂蜜。

幼儿膳食制作

三鲜蛋羹

把 1 ~ 2 个鸡蛋打入碗中,加少许食盐和凉开水打匀,放入锅中蒸热,然后再切几个新鲜虾仁与炒好的肉菜末放进碗中搅匀,再继续蒸 5 ~ 8 分钟,熄火后即可食用。

混合菜糊

将土豆、胡萝卜洗净,上锅蒸熟去皮压烂成泥。番茄用开水烫去皮,切成碎块,放入锅中煸炒,再加上少许食盐与土豆、胡萝卜泥、肝泥和熟肉末一起炒熟后食用。

果羹

将苹果、百合、山药、梨、莲子洗净去皮去核切成小片加上琼脂一同放在火上加水煮熟。离火加白糖凉后食用。没有琼脂可用藕粉代替。

月月谈
YueYueTan

宝宝断奶后的食谱特点

（1）从每天保证 600 毫升奶，逐渐过渡到以粮食、奶、蔬菜、鱼、肉、蛋为主的混合食品，这些食品是满足孩子生长发育必不可少的。

（2）适当喂食面条、米粥、馒头、小饼干等，以提高热量供给。

（3）经常给宝宝吃各种蔬菜、水果、海产品，提供足够的维生素和无机盐，以供代谢的需要。达到营养平衡的目的。

（4）经常食用些动物血、肝类，以保证铁供应。

（5）烹制方法多样化，注意色、香、味、形，且要细、软、碎。不宜煎、炒、爆，以利消化。

安排婴儿食品要注意各种营养的合理搭配，以保证孩子生长发育的需要。下面举例说明幼儿一周食谱安排，仅供参考。

表24　幼儿一周食谱举例

餐次	1	2	3	4	5	6	日
早餐	白粥、炒豆、腐干末	蛋花粥、发糕	白粥、腐乳	碎菜粥、糖包	糖粥、花卷	白粥、炒酱瓜末	白粥、肉松
午餐	肉末、碎青菜面	烂饭、芥菜肉末、豆腐羹	肉末碎菜、馄饨皮	烂饭、肝末粉皮	鸡胸肉末、碎菜饭	烂饭、肉末菜花、豌豆泥	馒头、肉末碎鸡、菜汤

续　表

餐次	1	2	3	4	5	6	日
下午加餐	蛋糕	碎鸡、番茄面片	枣泥包	鸡蛋羹	饼干	水果羹	肉末包子
晚餐	烂饭、炒鱼片、菜花糊、萝卜末	烂饭、肉末蔬菜、鸡汤	烂饭、番茄炒蛋、炒碎菠菜	烂饭、肉末碎青菜	烂饭、红烧鱼、葱末豆腐	菜包、葱油蛋、花汤	烂饭、肉末蒸蛋、番茄豆腐汤

12～14个月幼儿的保健

　　12～14个月的孩子处在学走路的阶段,锻炼的内容更为丰富,不仅是晒太阳做操,还可以到室外学习蹦蹦跳跳,锻炼向前走、向后退的平衡行走能力和遇到障碍可扶着东西走过去的主动性。对于走得较稳的孩子,可以练习慢跑、攀登和跳跃等动作。在天气好的情况下,这么大的孩子可以在室外活动1～2个小时,白天到外面活动2～3次。在室外活动,不仅可让孩子有更多的时间来接触外界,认识大自然,不断接受阳光的照射、空气和风的刺激,来增强孩子自身体质调节机能和对外界环境的冷热变化的适应性,还能预防佝偻病的发生。

月月谈 YueYueTan

科学地保护婴儿乳牙

一般说来，婴儿的乳牙在 4～10 个月的时候长出，到 11 个月后一般出牙 4～6 颗，到 30 个月时出齐 20 颗乳牙。然后在 6～7 岁时开始换牙，换过的牙叫恒牙，总共 32 颗。恒牙损坏后就不能复原了。

1. 为什么要保护牙齿

众所周知，牙齿不但能咀嚼食物，还有助于发音。牙齿通过咀嚼活动，能促进面部和颌骨的发育。

如果人没有健康的牙齿，不仅会加重胃肠功能的负担，而且对全身之健康都会有较大的影响。因此，保护牙齿也是保健的一项重要内容。

2. 怎样科学地保护乳牙

牙齿的保护一定要从乳牙开始。"乳牙有病，恒牙不利"的观点已为不少父母接受。那么怎样科学地保护乳牙呢？

乳牙长齐后，就可帮助儿童练习漱口。漱口的时间可选择在饭后数分钟内。从五六岁起，要训练儿童养成每天早晚刷牙的习惯。另外，父母要经常查看儿童口腔。一方面便于及时发现龋齿，通过治疗以阻止龋齿的发展。另一方面，也可及时发现换牙期滞留的乳牙，及时拔除，以免恒牙异位萌生，造成牙齿排列不齐。

杂粮、蔬菜、水果、豆制品、奶制品、瘦肉、蛋类含有丰富的维生素和蛋白质、矿物质等，可促进牙齿钙化发展，增强抗龋能力。

3. 怎样为小儿选择牙膏和牙刷

小儿由于年龄小，父母要耐心讲道理和做示范，从小培养小儿漱口、刷牙的良好习惯。同时父母也要科学地选择小儿口腔保健用品。

　　儿童牙刷和牙膏也有多种，父母要给小儿选择刷头短小、牙刷尼龙丝直径不超过 0.25 毫米、刷毛高度为 8 ~ 9 毫米的保健牙刷。牙膏应选用有防龋药物，对小儿口腔和咽部较少刺激的保健牙膏。

学游泳是一项很好的锻炼项目

　　游泳是一项很好的锻炼项目，它综合了水、空气、日光的作用，通过游泳可以增强孩子的心脏收缩功能，增强孩子的肺活量，促进全身肌肉的发育，有利于增强身体抗病的能力，有利于体型美的发展，促进孩子智力发育，使孩子吃得饱、睡得香、少生病。孩子游泳的场所水质应清洁无污染，气温不要低于 28℃，水温应不低于 26℃，开始在水里的时间不超过 2 ~ 5分钟，出水后应赶快用毛巾保暖，以后逐渐延长到每次下水 10 ~ 15 分钟。带孩子游泳应注意：下水前要活动一下四肢，并用水浸湿胸部和头部，然后再入水；下水后发现孩子有寒冷感觉时，应赶快出水，用毛巾擦干身上的水并保暖；不要让孩子在饥饿的时候或饭后立即去游泳；出汗时不能立即下水。

合理选择衣帽

　　给孩子选购衣物，首先要注意穿着舒服，厚薄合适。

　　由于小儿皮肤娇嫩，出汗多，所以给孩子穿棉布衣服最好。棉布衣服

具有柔软、吸汗、透气性好、保暖性强,好洗等优点。孩子的内衣要为纯棉衣裤,轻柔暖和,洗换也方便。孩子的毛衣不要含高领的,否则会刺激孩子的皮肤。冬季,孩子一般都要穿棉衣棉裤,棉花要松软,不要做得太厚,有碍孩子玩耍活动。夏季,应给孩子用浅色的小薄棉布做汗衫、短裤、背心,孩子穿着舒服,吸汗,也容易散热。不宜穿涤纶料的衣服,因为化纤制品不吸汗,有时还会产生静电,刺激孩子皮肤。

在款式上,要选择简单、宽松、便于脱穿和便于活动的式样,要考虑到小儿生长发育的特点。由于小孩的关节和骨骼正处在生长发育阶段,如给孩子选择类似牛仔裤、紧身衣式的服装,会影响血液循环,不利于孩子生理和发育。在选择帽子、大衣、披风时,可以选择美观大方新颖别致的款式,同时也要注意脱穿方便,这样既可以体现孩子朝气蓬勃、健康向上的精神面貌,又照顾了孩子的生理特点。孩子的鞋要大小合适,跟脚、柔软、轻便,鞋面透气性要好,鞋底不宜太厚,也不宜太软。随着孩子的生长发育,一般 3 个月需要换大一号的鞋子。

口吃

在孩子刚开始学说话的时候,家长就要注意预防孩子发生口吃。口吃俗称结巴,是一种常见的语言障碍。口吃男孩多于女孩,男孩约占 4%,女孩约占 2%。发生的年龄常在 2~5 岁,这个阶段是语言发育最为迅速的时期。口吃有没有遗传性呢?回答是否定的,不过有资料报道,双亲都有口吃的,其子女约有 67% 的也患口吃,双亲中一人患口吃,其子女患口吃的约占 40%。所以父母患口吃的,孩子发生率要高些。口吃的发生与环境变化有关,像发生火灾、地震、失去亲人等引起孩子精神紧张的因素都可引起口吃。但最常见的原因,是在小儿开始学说话时,家长操之过急,作过多的矫正或恐吓,强迫孩子说话,使孩子心理上感到压抑,说话时心急发慌,而发生口吃。还有的是由于小儿模仿性较强,模仿他人口吃而自己也形成了口吃的习惯。

总之,孩子在学说话时,家长应注意正确指导孩子说话,即使有的孩子说话慢一点也没关系,因为小儿在语言发展时期可存在4～6个月的正常差异。

心脏有杂音不用怕

有一半以上的孩子心前区可以听到一个性质柔和的轻微的心脏杂音,这种杂音是生理性的,属于孩子发育中出现的正常情况。既不影响孩子的健康,也不会使孩子产生不适的感觉,到青春期以后就可以完全消失。

注意饮食卫生

(1)宝宝的餐具和奶瓶、小勺、小碗、饮水杯等要独自使用,清洗时要用清水冲洗,使用前最好用开水烫一下。要定期煮沸消毒,放在干净卫生的地方。

(2)给孩子喂食时,先把手洗净。喂食时,千万不能把小勺放在自己

口中试温度后喂孩子,这样容易将大人的病菌带给孩子而致病。

（3）大人感冒时要戴上口罩照顾孩子,以免通过空气传染给孩子。家长如患有肠道疾病,一定要用肥皂洗干净手再接触孩子,最好不要动孩子入口的东西,以免不慎把病传染给孩子。

Part 14

宝宝1岁3个月

15~17个月幼儿的发育特点

身体发育状况

体重	男孩约 10.73 千克	女孩约 10.11 千克
身长	男孩约 79.87 厘米	女孩约 78.72 厘米
头围	男孩约 47.09 厘米	女孩约 46.01 厘米
胸围	男孩约 47.42 厘米	女孩约 46.34 厘米
坐高	男孩约 49.79 厘米	女孩约 48.82 厘米
牙齿	可长出 9~11 颗乳牙	

动作发育状况

孩子经过前一阶段的努力,小步独自走得稳当了,不但在平地走得很好,而且很喜欢爬台阶,下台阶时知道用一只手扶着下。此时,家长不要阻止孩子,要鼓励他,同时注意在旁边保护他。这样的活动既锻炼了身体,又促进了智力发育,使手、脚更协调地运动。这么大的孩子会用杯子喝水了,但自己还拿不稳,常常把杯子的水洒得到处都是。吃饭的时候,孩子常喜欢自己握匙取菜吃,但是还拿不稳。这么大的孩子平衡能力还比较差。

语言发育状况

孩子的词汇增多了,会说:"谢谢"、"您好"、"我们"、"再见"等词了。孩子对语言学习有一种特殊的热情,特别喜欢与成人说话或听别人说话,即使相同的话也喜欢听好几遍,不厌其烦。

睡眠情况

每日睡眠时间仍为 14～15 个小时,白天睡 1～2 次。

心理发育状况

　　孩子的知识在增长,脾气也在增大,当不如意时,他会扔东西,发脾气,表示不服从。当孩子发脾气时,不要呵斥他,小孩子的注意力很容易分散,用别的事情吸引他,会很快忘掉不愉快的事情。

　　1 岁多的宝宝,路走得稳了,活动范围大了,随之而来的是其独立意识开始萌生。喜欢将空盒子、小桶等有空间的容器装满玩具。在日常生活中,喜欢模仿成人的动作、语气。喜欢玩球,会做把球举过头抛起来的游戏。喜欢和大人一起做认指眼、耳、鼻、口、手等认识人体器官的游戏。家长应尽量设置一个满足宝宝需要的活动环境,让他的心意得到满足。

　　父母的温情和爱抚在 1 岁多的孩子眼中,已经不如以前那么重要了。你的关照可能变成了一种限制,会引起他的不耐烦,在安全的范围内,家长要适当地放手让孩子自由活动。

　　宝宝的路越走越稳,话也说多了,与外人交往也多了,这正是鼓励他与别的小朋友交往的好时机。开始孩子不知道怎样与别的小朋友交往,但通过与新面孔的接触、交往,交换玩具等简单活动中,宝宝能得到很多乐趣。每星期最好有 2 ~ 3 次机会与其他同龄小朋友一起玩耍,让宝宝用自己的独特方式接触别人,大人要多鼓励,千万不要加以干涉,宝宝经过尝试,会找到自己更合适的方法。

　　不要对孩子过度保护,小朋友之间发生小冲突,这是正常现象,大人不必多加干涉,让孩子自己学会处理冲突。如果两个孩子抢玩具,家长也不要以成人的礼貌心理,强迫自己的孩子放弃自己心爱的玩具,那样会让孩子迷惑不解,且非常伤心。要让孩子有机会保卫自己的权利,这也是社

会交往的基本规则。这也会为孩子今后的性格发展打下良好的基础。

早期教育与训练

增加孩子玩的内容

15～17个月的孩子,活动范围增大,家长可以给孩子选择一些小铲、小桶、小圆环等玩具,从而增加孩子玩的内容,开发孩子的智力。为了锻炼手脑协调能力,在家长的监护下,可以用一个小瓶装上一些五颜六色的扣子,让孩子将扣子倒出来再装进去。还可以给孩子准备两个小方盒,里面放一些小木棍和小玩具,让孩子把木棍和玩具从这个盒子里拿到那一个盒子里。

孩子喜欢玩水和土,在夏天,可以给孩子准备一盆水,一个小碗,再放上五颜六色的塑料玩具,让孩子尽兴地玩。也可以给他准备一盆沙土和一个小桶,他会把沙土装进小桶,装满后再倒出来,然后再装再倒,多次反复地玩耍。此时千万不要因为怕弄脏孩子而限制他的活动。

和孩子一起游戏

家长可以和孩子一起做游戏,如给孩子戴上小猫或者其他小动物的头饰,让孩子学这些动物叫。孩子会玩得非常高兴和开心。这样也能锻炼孩子的思维、想象和寻找能力,同时也能发展孩子的空间知觉。

1. 游戏——看谁拣的快

把各种彩色的纸片或小玩具散在地面上,每样东西相距1～2米远,让宝宝和其他小朋友比赛,看谁捡的最多。

2. 游戏——滚球、投球

让宝宝滚皮球,或让他与别的小朋友比赛,把球投进一个较大的箱内,看谁投进的多。这样通过弯腰、蹲下、站起、举手等动作的训练,达到促进大脑和体能的锻炼。

语言训练

在语言上,孩子在学说话的时期,常以词代替意思,大人很难理解,只有孩子自己知道。比如叫"妈妈",可能要妈妈与自己一块玩,也可能是要吃的或喝的,说"上外",可能是要上外边玩,也可能要到商店买吃的。这必然会影响孩子与成人的思想交流。因此,大人们从一开始教孩子说话时,不要用小儿语教。所谓小儿语是指"猫猫"、"狗狗"、"吃饭饭"、"喝水水"等。这样教习惯了,对以后孩子说话的准确性有影响。所以从一开始就要教孩子说完整准确的句子,开始说一些很短的句子,以后再说长一点的,慢慢就会提高孩子的语言表达能力和语言的准确性。

在教孩子说话的过程中,应从一些孩子喜闻乐见的方式入手。可以给孩子带上一个小狗的头饰,让他汪汪叫,问他:"你是谁?"他回答:"是小狗。"大人可以纠正他说:"我是小狗。"孩子就会跟着学说一遍。家长再问:"你喜欢吃什么呀?"孩子会说:"骨头。"家长可以教他:"我爱啃骨

头。"这样反复说几次、玩几次就能掌握了。又比如可以结合一些动作教孩子说话,让孩子学小白兔蹦蹦跳跳,大人问他:"你是谁呀?"孩子回答:"兔。"大人可以教他说:"我是小白兔。"家长问他:"小白兔怎么走路呀?"孩子会说:"蹦。"家长可以教他说:"一蹦一跳地走路。"孩子会跟着学。有的孩子学得缓慢一些,家长千万不要吓唬他,责备他,要耐心,以免孩子内心紧张,有负担,反而对孩子学习语言不利。有的操之过急会引起口吃。

总之,教孩子学东西方法要多样化,以他喜欢的形式来教,增进孩子的兴趣和主动性,这样才容易吸收、学会。另外,孩子也有私心,和别的小朋友在一起时常抢别人的玩具,互不相让。在这方面要教育孩子有玩具一起玩,和小朋友要友好相处。

表25　智能发育测试(1岁3个月)

分　类	项　目	测评方法	通过标准
大动作	向前方抛	示范过肩向前方抛球,鼓励宝宝做	能向一个方向抛球,抛球时手和身体都不应靠在墙上和家具上
精细动作	用4块积木排"火车"	示范用4块方积木排成一列"火车",推掉后鼓励宝宝做	会排出"火车",3试2成即可
认知能力	会指出红色	出示红、黄、蓝、绿四色积木或图片,让宝宝说出各自的颜色	能正确指出红色或其他1种颜色,3试2成即可

续　表

分　类	项　目	测评方法	通过标准
言　语	会叫"爷爷"、"奶奶"	观察平时在适当情景是否会叫"爷爷"、奶奶	只在叫爷爷或奶奶时发"爷爷"或"奶奶"的声音
情绪与社会行为	有同情心	观察别的小朋友哭了，宝宝是否也表示难过	能受他人痛苦的感染，表现出痛苦的表情或跟着哭

表26　智能发育测试(1岁4个月)

分　类	项　目	测评方法	通过标准
大动作	双臂随大人上下前后运动	示范举臂上下前后方向运动，鼓励宝宝跟着做	能随着大人的动作上、下、前、后运动两臂
精细动作	用4块积木"造塔"	示范用2块方积木造塔，推倒后一块一块出示方积木，鼓励宝宝搭高	搭高4块积木，3试1成即可
认知能力	会指眼、耳、鼻、口、手	大人问宝宝："眼在哪儿?"、"手在哪儿?"以此类推	能用手一一正确指出4个部位以上，5试3成即可
言　语	发出6～8个字音	观察宝宝有意识地说话的情形	能有意识地说出6～8个单字(名词或动词,爸、妈除外)

分 类	项 目	测评方法	通过标准
情绪与社会行为	对环境积极探索	在宝宝情绪好时,让他一个人在家里自由活动(大人在一旁观察,注意安全)	主动在室内到处翻东西观察物品

表27　智能发育测试(1岁5个月)

分 类	项 目	测评方法	通过标准
大动作	牵大人手上楼梯	把宝宝领至楼梯下,牵他一只手鼓励他走上去,两步迈一级台阶	自己用力迈步上2级台阶
精细动作	把三角形块放进三角形板穴内	用厚硬纸板(3~4毫米)刻出圆形、方形和三角形各一块,大人示范将圆形板放入圆形板穴内,鼓励宝宝将三角形放入三角形板空内	能将三角形板放入板穴内(3试2成即可)
认知能力	看图指物4种	出示图片7~8张,大人说出图片中物品的名称,让宝宝找出来	能正确找出图片4种
言语	说出自己的名字	问宝宝:"你叫什么?"鼓励宝宝回答	能说出自己的名字(小名)
情绪与社会行为	会替大人拿东西	吩咐宝宝去拿3种东西,如小汽车、球、小板凳	会按大人吩咐正确拿来3种东西

喂养指导

1岁5个月幼儿的喂养特点

　　随着孩子乳牙的陆续萌出,咀嚼消化的功能较以前成熟,在喂养上与前两个月相比略有变化,每日进餐次数为5次,三餐中间各加一次点心。有条件的还可以继续每日加一个鸡蛋和250克牛奶。

　　孩子的膳食安排尽量做到花色品种多样化,荤素搭配,粗细粮交替,保证每日能摄入足量的蛋白质、脂肪、糖类以及维生素、矿物质等。培养孩子良好的饮食习惯能使孩子保持较好的食欲,避免孩子挑食、偏食和吃过多的零食。为了保证维生素C、胡萝卜素、钙、铁等营养素的摄入,孩子应多食用黄、绿色新鲜蔬菜,如油菜、小菠菜、土豆、胡萝卜、番茄、甜柿椒、红心白薯。萝卜、白菜、芥菜头、土豆等蔬菜所含维生素、矿物质虽较黄、绿色蔬菜低,但也具有不可缺少的营养价值。每日还要吃一些水果。含维生素C较多的水果有柑橘类、枣、山楂、猕猴桃等。除此之外,每日吃鱼肝油2次,每次仍为3滴,钙片每日2次,每次1克。

月月谈
YueYueTan

含钙多的食品

对于小孩来说，奶类是其补充钙的最好来源，母乳中 500 毫升奶含钙 170 毫克，牛奶含钙 600 毫克，羊奶含钙 700 毫克，奶中的钙容易被消化吸收。蔬菜中含钙质高的是绿叶菜。如大家熟悉的油菜、雪里蕻、空心菜、太古菜等，食后吸收也比较好。给孩子食用绿叶菜，最好洗净后用开水烫一下，这样可以去掉大部分的草酸，有利于钙的吸收。豆类含钙也比较丰富，每 100 克黄豆中含 360 毫克的钙质，每 100 克豆皮中含钙 284 毫克。含钙特别高的食品还有海带、虾片、紫菜、麻酱、骨髓酱等。

营养与智力发育

许多科学家对不同国家的儿童的智力发育与营养关系进行了研究，发现营养不足的孩子的反应性、想象力、智力都不如营养良好的儿童。日本的科学家曾对 6 对 1～3 岁的双胞胎进行对比研究，给每对中的一个改善蛋白质的质与量（补充了几种必需的氨基酸），经过两三年后，补充氨基酸的与没补充的相比其智力要高出许多。营养差的孩子认识事物反应性慢，思维的能力偏低，记忆力和语言表达能力均差，自然影响孩子的学习成绩。如果发现孩子营养不良，家长应及时采取措施，在医生的指导下给孩子制订合理的食谱，改善营养状况。

健脑食品

1. 豆类

对于大脑发育来说,豆类含不可缺少的植物蛋白质,黄豆、花生米、豌豆等都有很高的营养价值。

2. 糙米杂粮

糙米的营养成分比精白米多,黑面粉比白面粉的营养价值高,这是因为在细加工的过程中,很大一部分营养成分损失掉了。要给孩子多吃杂粮,包括糯米、玉米、小米、红小豆、绿豆等,这些杂粮的营养成分适合身体发育的需要,搭配食用能使孩子得到全面的营养,有利于大脑的发育。

3. 动物内脏

动物肝、肾、脑、肚等,补血又健脑,是孩子很好的营养品。

4. 鱼虾类及其他

鱼虾蛋黄等食品中含有一种胆碱物质,这种物质进入人体后,能被大脑从血液中直接吸收,在脑中转化成乙酰胆碱,可提高脑细胞的功能。尤其是蛋黄,含卵磷脂较多,被分解后能放出较多的胆碱,所以小儿最好每日吃点蛋黄和鱼肉等食品。

多吃水果的好处

水果的营养价值和蔬菜差不多,但水果可以生吃,营养素免受加工烹调的破坏。水果中的有机酸可以帮助消化,促进其他营养成分的吸收。

月月谈 *YueYueTan*

桃、杏等水果含有较多的铁,山楂、鲜枣含大量的维生素 C。食用水果前应很好地清洗。洒过农药的水果,除彻底清洗外,最好削去外皮后再食用。

婴幼儿不宜食用的食品

一般生硬、带壳、粗糙、过于油腻及带刺激性的食物对幼儿都不适宜。有的食物需要加工后才能给孩子食用。

(1)刺激性食品如酒、咖啡、辣椒、胡椒等应避免给孩子食用。

(2)鱼类、虾蟹、排骨肉都要认真检查,去除刺和骨渣后方可加工食用。

(3)豆类不能直接给孩子食用,如花生米、蚕豆等,另外杏仁、核桃仁等这一类的食品应磨碎或制酱后再给孩子食用。

(4)含粗纤维的蔬菜,如芥菜、金针菜等。因 2 岁前的小儿乳牙未长齐,咀嚼力差,不宜食用此类食品。

(5)易产气胀肚的蔬菜,如洋葱、生萝卜、豆类等,宜少食用。

(6)油炸食品。

另外,孩子都喜欢吃糖,但一定注意不能过多,否则既影响孩子的食欲,又容易造成龋齿。

下面列举 1~2 岁小儿四季食谱(表28)。

表28　1～2岁小儿食谱举例

	春	夏	秋	冬
早	赤豆泥粥	白粥、咸豆	蛋花粥	赤豆泥粥
点心	牛奶	牛奶	牛奶	牛奶
午	烂饭、肉末碎菜胡萝卜	番茄葱丝面、红烧牛肉末	烂饭、炒肝末豆腐	肉末豆芽菜煨面
午点	蛋花片儿汤	酸奶	豆沙酥饼	枣泥粥
晚	烂饭、鱼圆烧豆腐	烂饭、葱油炒蛋、碎豆腐干	肉末鸡汤煨饭	烂饭、鲜肉末胡萝卜
晚点	牛奶	酸奶	牛奶	牛奶

15～17个月幼儿的保健

　　15～17个月的孩子应增加室外活动时间。活动内容可多种多样,跑跑跳跳,做游戏,扔球踢球都可以。每天活动2～3次,每次时间根据天气而定。有条件的可继续坚持游泳锻炼。

　　在运动时间外,家长要带孩子到医院进行一次体检,着重查一下血红蛋白,看是否存在贫血情况。查大便看是否有虫卵,必要时还可以检查尿的情况,以便对孩子的健康有一个全面的了解。

月月谈

YueYueTan

怎样防治幼儿的发热

正常幼儿较成人体温高,一日之内的体温常有波动,但波动范围不超过1℃。一般认为,若肛温超过37.8℃,舌下温度超过37.5℃,腋下温度超过37.4℃,则可认定为发热。

发热的原因很多,应及时就诊,以便对症治疗,但患儿发热时往往不能药到病除,因此,在药物治疗的同时,还应配合下列饮食调养,以避免大脑皮层过度兴奋或抑制而诱发高热(39℃以上)。

(1)发热患儿多伴有食欲不振、腹胀、便秘等症状,因此应给予患儿清淡易消化的流食或半流食,不宜服用高营养高热量的肉汤、鸡汤或肥腻、煎炸食物。

(2)发热患儿时常唇干舌燥,新陈代谢增强,营养物质消耗加快,故应及时补充水分和各种营养素,如温开水、牛奶、豆浆、果汁、米汤或蒸蛋羹等,还应摄取新鲜蔬菜。

(3)发热患儿因精神不振,常静卧不动,极易引起便秘。若2~3日大便不通,可适量饮用蜂蜜水,吃些香蕉、香油等以利排便。

(4)持续高热可致幼儿免疫力降低,不利于康复,因而应进行物理降温或药物降温,必要时两者兼用。

(5)为了防止感染,室内应保持空气新鲜,但不可有对流风;地上多洒些水,以保证湿度;勤给幼儿换内衣;被褥要注意晾晒;注意幼儿口腔卫生,如出现炎症应及时就医。

预防小儿肘部脱位

1 岁半以上小儿活泼好奇而且好动,经常出现肘部关节的损伤,尤其易发生小儿桡骨头半脱位。因为小儿时期肘关节囊及肘部韧带松弛薄弱,在突然用力牵拉时易造成桡骨头半脱位。家长在给孩子穿衣服时动作过猛;孩子不听话,大人突然用力的牵拉,均可造成脱位。如果出现过一次肘关节脱位,很容易再出现第二次、第三次,形成习惯性半脱位。

桡骨头半脱位以后,孩子立即感到疼痛并哭闹,肘关节呈半屈状下垂,不能活动。到医院复位后,疼痛自然消失,可以抬肘拿东西。

预防蛔虫

15～17 个月的孩子,自己能够吃东西、喝水,但还没有养成卫生的好习惯,很容易感染蛔虫症。为了预防蛔虫,要教育孩子一定要在饭前便后把手洗干净,常剪指甲,不要随地大小便,不吸吮手指,生吃瓜果要洗净去皮,不要喝生水。家长要给孩子勤晒被褥。做到以上这些,不但可以预防蛔虫,也预防了许多其他传染病。

看电视害处多

现在几乎家家都有电视机,而且彩电占很大比例。看电视有很多弊

病，一方面彩电释放出的射线对近距离观看的人有害；另一方面，在家庭中很难调整对幼儿适宜的室内光线、收看距离和角度。婴幼儿眼肌调节能力较成人差，对于电视光线时强时弱，快速的、跳跃式的变化很难适应，容易造成视觉疲劳，时间长了可引起近视、远视和斜视等视力障碍。

Part 15
宝宝1岁半

身体发育状况

体重	男孩约 11.16 千克	女孩约 10.83 千克
身长	男孩约 82.31 厘米	女孩约 81.62 厘米
头围	男孩约 47.54 厘米	女孩约 46.52 厘米
胸围	男孩约 49.08 厘米	女孩约 47.32 厘米
坐高	男孩约 50.96 厘米	女孩约 50.79 厘米
牙齿	此时大约萌出 12 颗牙,已萌出上下尖牙。	

月月谈

YueYueTan

体格发育状况

1岁半的小儿肚子仍比较大，腹部向前突出。这时他已经能够控制自己的大便了，在白天也能控制小便，如果来不及尿湿了裤子也会主动示意。

感觉、运动的发育状况

1岁半的小孩已经能够独立行走了，还会牵拉玩具行走、倒退走，会跑，但有时还会摔倒。有意思的是，他能扶着栏杆一级一级地上台阶，可却常常喜欢四肢并用往楼梯上爬。让他下台阶时，他就向后爬或用臀部着地坐着下，1岁半的孩子会用力地扔球，会用杯子喝水，洒得很少。能够比较好地用匙，开始自己吃饭。

给他玩积木，他会把3~4块积木叠在一起。

语言、适应性行为发育

1岁半的孩子开始认真地学习语言，翻动书页，选看图画，能够叫出一些简单物品的名称；能够指出方向；能够说3~5个字连在一起的句子如"在桌上"；会有目的地说"再见"；能够按照要求指出眼睛、鼻子、头发等。

月月谈 *YueYueTan*

1岁半的孩子注意力集中的时间仍很短,他不会坐下来安静地听你讲5分钟故事。

1岁半的孩子对陌生人会表示新奇,很喜欢看小朋友们的集体游戏活动,但并不想去参与,爱单独玩。喜欢自己可爱的玩具,女孩子常会像大人一样抱着布娃娃,开始模仿大人做家务如铺床、扫地。

因停用奶瓶吃奶,1岁半的孩子更喜欢吸吮手指了,特别在睡觉之前,躺在床上,一边吸吮手指,一边东张西望。

很难坐下来安静地吃饭,总是走来走去。

当有什么事情做不好、不顺心时,他还会发脾气,哭闹。

1岁半的小孩喜欢规律的生活,他们对所有的突然变化都会表示反对,比如,从奶奶家搬到姥姥家居住,他会不适应,会哭闹;或者去幼儿园、托儿所,他们也需要很多天来适应。

睡眠情况

1岁半的孩子每天需要睡眠12~13个小时,夜间10个小时左右。午睡一次2~3个小时。

心理发育状况

18~21个月的小儿活动范围、活动花样又较以前丰富了许多,喜欢爬上爬下,喜欢模仿大人做事,如擦桌子扫地等,喜欢模仿着做广播操等活动。如果家长耐心教他数数,念儿歌,宝宝会很有兴趣地学,他会眼看

大人的嘴形说出每句儿歌的最后一个押韵的音。这个时期是教孩子说话的好机会,家长不要错失良机。

宝宝的语言能力在天天进步,在与大人日常生活、游戏、交流的同时,学会了不少词句,从1岁左右只会说一个词,到20个月时,宝宝会有20～30个的词汇量。这时他在自己玩玩具时,也开始自言自语地说话了。他在搭积木时会小声叽叽咕咕,家长可参与到孩子快乐的游戏中,跟他对话交谈。这时切忌用儿语与他对话,因为可能会耽误孩子学话的进程。家长要习惯用规范的发音与孩子对话,要善于抓住一切机会鼓励孩子大胆说话。

早期教育与训练

1～3岁是人的幼儿时期,是小儿智力发育非常迅速的时期。这一年龄段的孩子对外界事物、周围的环境都相当敏感。家长的言行、穿戴、情感等都会对孩子产生很大的影响。如果对孩子过于放任,孩子就会散漫;过于溺爱,会使孩子任性;过于严厉,又会使孩子呆板。只有教育得当,孩子才能在日后成才。

语言训练

1岁半的孩子喜欢与成人讲话,家长应该把握时机,通过画片、实物等耐心、反复地教孩子认识事物,增加词汇,使孩子知识面加宽,增加语言的内容。但 1 岁半的孩子记忆力有限,所以,也不能教得太多。

对于口齿不清的孩子,家长要用标准语音给孩子纠正,反复教他念。

动作训练

1 岁半的孩子已经会跑了,可以训练他做许多运动量大的活动,如跳舞、双脚跳、快跑、踢球等,还可以训练他单独上、下楼梯,以增强肌肉力量。

还可以通过做游戏,训练身体的协调能力。如:找一条长毛巾,家长拉两个角,让孩子拉住另两个角,把一只皮球放在毛巾中间,让孩子一蹲一站,皮球就会来回滚动。还可以把皮球抛起来,和孩子一起用毛巾把皮球按住。这样可锻炼孩子与他人合作的能力以及自身动作协调的能力。

早期教育应注意的问题

1 岁半的孩子已经懂事了,父母之间、祖辈之间、家长和托儿所阿姨之间都要在教育孩子的问题上保持一致。切不可父亲这样教,母亲又那样讲,父母刚批评完了孩子,奶奶又让他那样去做。这样,大人前后矛盾、要求不一,孩子就会不分是非、不知所措,很多良好的习惯就不能形成。

有的孩子非常任性,一不顺心就大哭大闹,打滚要赖。对这样的孩子既不能打骂,又不能屈从,最好的办法是走开,不理他,在他情绪平稳的时候再教育他。有些孩子过分胆小,对这样的孩子就不能经常批评、训斥,而要鼓励他,即使他做错了什么事,也不要过多批评。

月月谈 *YueYueTan*

父母在孩子面前要注意自己的言行

很多家长认为孩子还小,不懂事,当着孩子的面什么话都说,殊不知,孩子比您想像的要懂事得多,他已经能按照自己的方法理解你讲话的内容了。所以父母在孩子面前说话一定要注意文明,不在孩子面前议论大人之间的是非和纠葛,也不要当着孩子的面与别人吵架;不要在孩子面前撒谎;当着客人的面不要议论孩子的缺点,也不要夸耀自己的孩子。别看你的孩子才 1 岁半,在他的面前,大人说话应十分注意。

表 29　智能发育测试(1 岁 6 个月)

分　类	项　目	测评方法	通过标准
大动作	牵着大人手下楼梯	牵宝宝一只手上 2 层楼梯后牵他一只手,鼓励他走下来	自己迈步下 2 级台阶,两步迈一级台阶
精细动作	从瓶中倒出 10 个小丸	鼓励宝宝把 10 粒葡萄干放入直径 2.5 厘米的透明药瓶内,然后让宝宝将葡萄干拿出来,但不要说"倒出来"	能把全部(10 粒)小丸倒出
认知能力	认出自己的东西	把宝宝的鞋、袜、帽等衣物或玩具 3 件和大人的衣物放在一起,要求宝宝:"把××(宝宝的名字)的东西拿来"	能把自己的 3 件东西挑出来,3 试 2 成即可
言　语	说出 10 个字音	观察宝宝有意识地说话的情形	能有意识地说出 10 个名词或动词

续　表

分　类	项　目	测评方法	通过标准
情绪与社会行为	会护自己的玩具	宝宝玩玩具时,有小朋友来拿,观察他的反应	别人来参与玩他的玩具时,不给

表30　智能发育测试(1岁7个月)

分　类	项　目	测评方法	通过标准
大动作	向不同方向抛球	父母站在宝宝对面两个不同方向(90°内)鼓励宝宝分别向父母过肩抛球	会向父母所站两个不同方向抛出球
精细动作	用蜡笔划出直线	示范用蜡笔在纸上画直线,鼓励宝宝模仿	能画出直线,不与大人画的直线相交
认知能力	指认身体5~6个部位	鼓励宝宝用手指出来	能一一正确指出5~6个身体部位,3试2成
言　语	模仿念两句3个字的儿歌	给宝宝念3个字一句的儿歌,可重复多次	会模仿念一首儿歌中的2句
情绪与社会行为	有意模仿大人做家务	大人扫地、擦桌子时,给宝宝一只小扫帚,一块干净抹布,鼓励他与大人干同样的事	宝宝有意模仿大人,不一定像

月月谈　YueYueTan

表31　智能发育测试(1岁8个月)

分　类	项　目	测评方法	通过标准
大动作	用脚尖走路3～4步	示范用脚尖走路1米,鼓励宝宝模仿做	会用脚尖走3～4步,不一定稳
精细动作	用方积木搭高6块	示范搭高2块方积木,推倒后鼓励宝宝搭(大人应一块一块出示积木)	能搭高6块,3试1成即可
认知能力	能找出方形和三角形	将圆形、方形和三角形画在纸上,让宝宝指出方形和三角形	能正确指出方形和三角形,3试2成
言　语	说3～5个字的句子	观察宝宝有意识说话的情形	能说出3～5个字组成的句子(有主语和谓语)
情绪与社会行为	能等待食物或玩具	让宝宝坐在椅子上,在给他取东西前告诉他:"等着,妈妈去拿××,一会儿就回来"	可以安静3～5分钟,有期待表情

表32　智能发育测试(1岁9个月)

分　类	项　目	测评方法	通过标准
大动作	会跑	大人在距宝宝2米处,用新颖玩具逗引宝宝跑过来	能向大人方向跑2米,但还不会自己停下来
精细动作	用玻璃丝穿进扣子洞里	示范用玻璃丝穿过扣眼,鼓励宝宝做	能将玻璃丝穿过扣眼5毫米以上,不必拉线

续　表

分　类	项　目	测评方法	通过标准
认知能力	会回答最简单的问题	听到门响,有人进门之后,问他:"谁来了?"观察他是否准确回答	会用人称回答"谁"(1～2人)
言　语	说出20个单词	观察记录平时宝宝有意识地说出的词有多少个	能有意识地说出20个词(叠字如"娃娃"算一个词)
情绪与社会行为	开口表达个人需要	观察宝宝能否用语言表达自己的需要	会说出3种以上自己的需要,如"上街"、"吃饭"、"喝水"、"玩球"等,仅用手势表示,不算通过

喂养指导

1岁6个月幼儿的喂养特点

　　1岁多的小儿,饮食正处于从乳类为主转到以粮食、蔬菜、肉类为主食的过程。随着小儿消化功能的不断完善,孩子食物的种类和烹调方法

将逐步过渡到与成人相同。1岁半的孩子还应注意选择营养丰富、容易消化的食品,以保证足够营养,满足生长发育的需要。1岁半的小儿已经断奶,每天吃主餐外,再加1~2顿点心。若晚餐吃得早,睡前最好再给孩子吃些东西,如牛奶等。

给孩子做饭,饭要软些,菜要切碎煮烂,油煎的食品不易消化,小儿不宜多吃,吃鱼时要去骨除刺。给孩子吃的东西一定要新鲜,瓜果要洗干净。孩子的碗、匙最好专用,用后洗净,每日消毒。孩子吃饭前要洗手,大人给孩子喂饭前也要洗手。

孩子不爱喝牛奶不用愁

一般来说,1岁半的孩子每天还应喝250毫升牛奶,因为牛奶是比较好的营养品,既易消化又含有多种营养素,是婴幼儿生长发育不可缺少的食物。但是有的孩子到了1岁多,尝到五谷香,便不爱喝牛奶了。对不爱喝牛奶的孩子不要勉强,可用蛋羹、豆浆、豆乳等与奶交替喂孩子。

摄取蛋白质标准

蛋白质是生命的物质基础。人体的每一个部位、组织、细胞都含蛋白质。如果缺乏蛋白质,人体就会代谢紊乱,发生贫血、浮肿,易患各种疾病,小儿则生长发育迟缓。1岁半的小儿每天大约需要多少蛋白质呢?一般在40克左右,其中至少应有一半是动物蛋白。

具体地说,1岁半的孩子每天最好吃250克牛奶,1~2个鸡蛋,30克瘦肉,一些豆制品,有条件再吃一些肝、排骨或鱼。这样就能够基本满足小儿生长发育的需要了。

幼儿吃冷饮要有节制

很多孩子在夏天吃冷饮没个够,冰棍、汽水、冰激凌……这样好不好呢? 孩子在天气非常热的时候可以吃些冷饮,以防中暑,但是不能没有限度,因为大量的冷食进入胃内,会使胃壁的毛细血管收缩,血流减少;温度降低,抑制消化酶的活力,抑制胃酸分泌,造成孩子食欲下降。另外,冷饮一般含糖量比较高,甜食吃多了也会影响孩子食欲。

幼儿常吃汤泡饭对生长不利

有的孩子不爱吃菜,却喜欢用汤或水泡饭吃,这样,很多饭粒还没有嚼烂就咽下去了,自然加重了胃的负担。而水又冲洗了胃液,影响胃的消化功能,因此经常吃汤泡饭容易得胃病。孩子活动量大,消耗的水分多,往往因贪玩顾不上喝水,吃饭时感到干渴。家长应在饭前0.5~1小时让孩子喝些水,吃饭的时候不要让他用汤或水泡饭。

月月谈
YueYueTan

幼儿食品制作

煎面包

把面包切成 2 厘米厚的片,每片中间再切一条缝(不切断),在缝内抹一层果酱。然后将一个鸡蛋打入 250 克牛奶中搅匀,加少量糖,把夹果酱的面包放入牛奶中泡。平底锅放适量油烧热,放入面包片煎成两面金黄色即可食用。

蛋奶摊饼

面粉、牛奶(或奶粉)、鸡蛋、白糖搅匀,打成糊状。将平底锅烧热,倒入面糊摊成薄饼,可根据孩子的口味不放白糖而放盐、葱末,做成咸味饼。

蒸蛋糕

油 150 克,温化,白糖 250 克,放盆中搅动,边搅边打入鸡蛋 5 个。搅成白色稠糊状,再加 300 克面粉搅成面糊。可放适量切碎的果料。然后将面糊倒入模中蒸熟。

18 ~ 21 个 月 幼 儿 的 保 健

哪些饮料适合幼儿饮用

　　幼儿在摄入 100 毫升的水后,大约有 65 毫升由小便排出,大约有 30 毫升经由肺和皮肤排出,剩下的则由大便排出。大便带走了人体消化不了的食物残渣,小便则带出了钠、钾以及胃代谢的废弃物质,可见,水是人体不可缺少的物质。

1. 饮料的作用

　　饮料是以水为主的食品。饮料的作用有以下几点:止渴;补充人体水分;补充由汗液和小便排出的水和一些营养素;剧烈运动的时候,补充热能。

2. 适合幼儿饮用的几种饮料

　　幼儿适当地喝一些饮料是可以的,这里有几种适合幼儿饮用的饮料。

　　矿泉水:矿泉水是天然物质,含有幼儿需要的无机盐,是一种很好的饮料。但是必须注意到,伪劣的不合格饮料如有些人工矿泉水,其中常常含有有害物质如铅、汞等,这种饮料绝不能让幼儿饮用。

　　橘子汁、番茄汁或山楂汁:这类饮料含有大量的维生素 C。用新鲜橘子自制橘子汁,再用凉开水稀释后,最为卫生有益。

　　夏季的消暑饮料:如用金银花、红枣皮、绿豆花、扁豆花、杨梅等煮成

汤,再加一点糖,是夏季消暑解毒的好饮料。

3. 不适合幼儿饮用的几种饮料

茶叶水:尽管茶叶水中含有的维生素、微量元素等对人体有益,但幼儿对茶水中所含茶碱较为敏感,可使幼儿兴奋、心跳加快、尿多、睡眠不安等。

酒精饮料:酒精刺激小儿胃黏膜、肠黏膜乳头,可影响幼儿正常的消化过程。

汽水:汽水中含有小苏打,能中和胃酸,不利于食物消化。胃酸减少,易患胃肠道感染。

兴奋剂饮料:如咖啡、可乐等,其中含有咖啡碱,对幼儿的中枢神经系统有兴奋作用,影响脑的发育。

挑食、偏食怎么办

小儿偏食、挑食原因很多,比如,有的家长本身就挑食,吃饭时又不注意,边吃边评论这个不好吃,那个味道差,无形之中就会影响孩子。另外,饭菜太单调,总不变换花样,也容易使孩子厌食、偏食。当孩子挑食时,家长不要训斥孩子,不要强迫他吃,这样做会使他产生厌恶感。家长在做菜时要注意翻新花样,同样的菜这样做孩子不愿吃,换一个方法做他就爱吃,要使孩子感到新鲜,增进食欲。比如,孩子不吃煮鸡蛋可以炒,可以蒸,可以炖,还可以做成荷包蛋、摊成鸡蛋饼或做成鸡蛋糕等。不能一下子就下结论说孩子不爱吃鸡蛋。另外,还可以用讲故事的方法,提高孩子的兴趣。比如孩子不爱吃萝卜,可以给他讲讲拔萝卜的故事,玩拔萝卜的游戏,让他进入角色,使他对平时根本不屑一顾的萝卜产生兴趣,慢慢就会喜欢吃了。

　　总之,纠正孩子偏食,家长既要有耐心,又要讲究方式方法,才能取得好的效果。

尽量少吃零食

　　由于人们的生活水平的不断提高,很多家庭的孩子想吃什么就买什么,家里也经常准备很多糕点、汽水、可乐、巧克力、话梅糖等,让孩子养成了爱吃零食的习惯。零食吃得多,扰乱了孩子胃肠道的正常消化功能,降低了正餐的食欲。零食吃得越多,孩子越不正经吃饭,饭吃得越少。长期下去,造成恶性循环,孩子会出现营养不良、消瘦,严重的会影响生长发育。家长必须注意少给孩子吃零食,特别是饭前不要给零食,让他感到饥饿,正好吃饭。另外,要给孩子安排好一天的活动,不要让他把注意力总放在吃零食上。改变了吃零食的习惯,才能多吃饭,身体健康。

开裆裤与死裆裤

　　给小孩穿开裆裤,是为了他大小便方便,以免弄湿裤子。穿开裆裤,孩子容易受凉,而且不卫生。特别是小女孩,很容易发生尿道炎。所以当孩子会控制大小便之后,就可以不穿开裆裤了。最好是从夏季开始,先穿死裤裆的短裤,以后再穿长裤子。到了冬季,可以在里边穿开裆衫裤、棉裤,外边套一条死裆裤,大小便时只要脱外边的裤子就行了。长到2~3岁可以全部穿死裆裤。

眼药水的滴法

给孩子滴眼药水,家长要先洗手,拿过眼药水瓶,看清药名,不要将滴鼻剂等误滴,然后让孩子头向后仰,向上看。家长用左手拇指和食指轻轻分开孩子的上、下眼睑,右手拿药水瓶先挤出一滴弃掉,然后从离孩子眼约2厘米高度滴下药水,要滴在白眼球上,别碰睫毛,再用左手拇指和食指轻轻捏上眼睑,让药充满结膜。随后轻压内侧眼角,防止药水流进鼻子。让孩子闭眼2分钟即可。

Part 16
宝宝2岁

22~24个月幼儿的发育特点

身体发育状况

体重	男孩约 12.64 千克	女孩约 11.92 千克
身长	男孩约 89.06 厘米	女孩约 87.42 厘米
坐高	男孩约 54.02 厘米	女孩约 53.06 厘米
头围	男孩约 48.44 厘米	女孩约 47.39 厘米
胸围	男孩约 49.06 厘米	女孩约 48.47 厘米
牙齿	此时孩子大约萌出 16 颗牙，已萌出第二乳磨牙。	

月月谈

YueYueTan

体格发育状况

2岁左右的小儿腹部前突已比以前减轻。大小便已经完全能够自理了。

感觉、运动的发育

将近2岁的幼儿走路已经很稳了,能够跑,还能自己单独上下楼梯。如果有什么东西掉在地上了,他会马上蹲下去把它拣起来。这时的孩子很喜欢大运动量的活动和游戏,如跑、跳、爬、跳舞、踢球等。并且很淘气,常会推开椅子,爬上去拿东西,甚至从椅子上桌子,从桌子上柜子,你会发现他总是闲不住。

现在他只用一只手就可以拿着小杯子很熟练地喝水了,他用匙的技术也有很大提高。他能把6~7块积木叠起来,会把珠子串起来,还会用蜡笔在纸上模仿着画垂直线和圆圈。

语言、适应性行为发育

将近2岁的孩子注意力集中的时间比以前长了,记忆力也加强了,他大约已掌握了300多个词汇。他能够迅速说出自己熟悉的物品名称,会说自己的名字,会说简单的句子,能够使用动词和代词,并且说话时具有音调变化。他常会重复说一件事。他喜欢一页一页地翻书看。给他看图片,他能够正确地说出图片中所画物体的名称。大人若命令他去做什么,他完全能够听得懂并且去做。他开始学着唱一些简单的歌,还喜欢猜一些简单的谜语。

他会自己洗手并擦干,会转动门把手,打开盒盖,会把积木排成"火车",总想学着用小剪刀剪东西。总之,这时的孩子非常可爱。

睡眠情况

2 岁的孩子每天夜间需睡眠 10 个小时左右。午睡 2~3 个小时。

2 岁左右的宝宝喜欢看画片,喜欢听故事,喜欢看电视动画片,喜欢大运动量的游戏,也很喜欢模仿大人的动作。他会学着把玩具收拾好,并且对自己能独立完成一些事情的技能感到很骄傲。比如他可能把积木搭好然后拉你去看。2 岁左右的孩子很爱表现自己,也很自私,不愿把东西分给别人,他只知道"这是我的"。他还不能区分什么是正确的,什么是错误的。将近 2 岁的孩子独立性还很差,如果突然给他改变环境,或让他与父母分离,他会感到恐惧。

宝宝快满 2 岁了,喜欢独自到处跑着玩,在床上跳上跳下地蹦个不停,喜欢和小朋友们玩捉迷藏的游戏,喜欢玩有孔的玩具,习惯地将物体塞入孔中,反复玩弄不厌其烦。还喜欢听儿歌、听故事、搭积木、按开关等有趣的活动。

2 岁左右的孩子,胆量大一些了,不像以前那样畏缩了,不再处处需要家长的保护,他不再像以前那样时刻依赖着大人,能够较独立地活动,宝宝的情绪多数时间都比较稳定、愉快,有时也发脾气。在高兴时会用亲

昵的声音和举动靠近你,在家庭中经常扮演节目主持人的角色。

这一年龄阶段的孩子做事喜欢重复,并且有一定的顺序和规律性。家长可以在日常生活中,如玩具的摆放、家庭简单物品的设置和生活规律上,给予孩子有意识培养。

早期教育与训练

培养孩子的良好习惯

2岁的孩子,可以教他自己穿衣服、戴帽子、洗手、洗脸等。当孩子做的时候,家长可以在一旁给予指导和必要的帮助,但不要包办代替。

还要让孩子养成良好的卫生习惯,早晚洗脸,晚上睡前洗脚、洗屁股;经常洗澡、洗头。饭前、便后洗手,常剪指甲,勤换衣服等。若发现孩子有不良习惯,要随时纠正,如不让孩子用手揉眼睛,不准把脏东西放进嘴里,不随地大小便,不随地乱扔废弃物等。不要认为孩子还小,不懂事,就可以放纵不管,要知道,好习惯都是从小养成的。而多年养成的坏习惯,将来改起来也很困难。

月月谈

YueYueTan

语言训练

　　快2岁的孩子,已经很喜欢说话了,但是词汇量还不够表述他的意思。这时,家长要想方设法帮助他丰富词汇,提高语言表达能力。家长可以在游戏中锻炼孩子的语言能力,如玩"打电话游戏",通过打电话教孩子说自己的姓名、住址、爸爸妈妈是谁、正在做什么等。家长还可以教孩子说儿歌,以丰富孩子的词汇。

　　家长可以给孩子买一些图书、画报等少儿读物,讲给宝宝听,讲完后可以让孩子再讲给你听,这可以锻炼孩子的记忆力和表达能力。也可以结合宝宝日常生活中经常遇到的问题让孩子回答,可以问"如果你把别人的玩具弄丢了怎么办,如果把别人的玩具弄坏了怎么办,把别人的玩具带回家里了应该怎么办,你向别人借玩具,别人不借给你怎么办,别的小朋友打你怎么办"等类似的小问题,训练孩子解决问题的能力。

　　若是孩子到2岁仍不能流利地说话,要考虑是否言语发育迟滞,最好带孩子到医院检查一下听力是否有问题、神经系统发育是否健全,也可能孩子一切发育正常,只是缺少语言训练罢了。

空间知觉训练

　　快2岁的孩子应逐渐发展空间知觉,小儿一般是先学会分辨上下,而后是分辨前后,最后才懂得左右。

　　为了发展孩子的空间知觉,家长要有意识地训练孩子。例如:"把桌

月月谈 YueYueTan

子底下的画片捡起来。""把床上的毛巾被递给我。"这样做可使孩子理解上和下。和孩子一起玩游戏时，一边跑一边喊："后边有人追来了，咱们快往前跑吧！"或者说："你在前边跑，我在后面追。"让孩子掌握前和后的概念。戴手套的时候，一边戴一边说："先戴左手。哟，右手还没戴手套呢！咱们再戴右手吧。"穿鞋、穿袜子时也这样，一边穿一边说。脱袜子时可以问他："先脱左脚呢，还是先脱右脚？"反复训练，孩子很快也会记住左右。

让孩子掌握空间概念是比较困难的，如果只是空洞地讲，孩子很难理解，必须结合实际，反复训练，才能逐渐掌握。

认知能力的训练

2岁小孩的兜里，什么破烂都有：糖纸、瓶盖、石头子、画片等，他们把这些破烂都视为"宝贝"，也正是通过玩这些"宝贝"，孩子的观察能力和认知能力得到了发展。

家长可以结合这些零零碎碎的东西教孩子认识事物特征。例如：这张糖纸是透明的，这张是不透明的；这个瓶子是圆的，那个瓶子是方的；这个瓶盖是铁的，那个瓶盖是塑料的……无形中就能够教孩子很多知识，培养了孩子对事物的认识能力。

另外，带孩子上街、上公园时，一路上见到的东西，都可以讲给孩子听。如：这是公共汽车，这是卡车，这是小汽车，那是松树、杨树……还可以教孩子识别颜色。这一切都会使孩子的观察能力逐渐地敏锐起来。

培养小儿数学的概念

很多孩子到2岁已经会数1、2、3、4、5甚至更多了。但他们根本不理解数字的概念。因此必须联系与数字有关的生活小事，反复训练，才能使孩子逐渐对数字有所认识。

家长可以拿2个苹果，对孩子说："这是几个苹果啊？我们数一数，1、2，是2个。现在你拿1个苹果给爸爸。"还可以拿其他的实物或玩具，反复训练，让小儿感知1和2的实际意义。等他对1和2的概念明确了，再数3、4……也可以通过扑克牌游戏，提高孩子学习的兴趣。

准备一副比较漂亮的扑克牌，增加宝宝的兴趣，教宝宝分辨每张扑克牌的不同点，如颜色区分、点数区分、图案区分等。还可以教他玩拉大车的游戏或从小排到大、从大排到小的顺序排列。根据孩子每天玩的情况给予适当鼓励。这个游戏可以训练孩子对物体的分辨能力和对数字的识别能力。

动作训练

快2岁的孩子已经走得很稳，跑得很好了，应该训练他单脚站立。开始会站不稳，因为他还掌握不了身体重心的变化。训练一段时间后，他就会站得很稳了。还可以训练他蹬小三轮车，骑车的时候，眼睛要平视前方，手要扶车把，脚要蹬，身体要坐正，哪一点没有做好，车都无法前进。这时全身肌肉都必须协调，同时也锻炼眼睛、头脑的灵敏度和反应能力。

艺术教育训练

2岁多的孩子很喜欢涂涂画画,可以给孩子一根细木棍让他在沙土地上画,也可以给他一枝铅笔或蜡笔,让他在纸上画。家长可以先向孩子示范一下如何画直线、画圆圈、画螺旋形,让孩子学着去画,即使他乱画也不要去管他。当他画了圆圈,虽然不圆也要鼓励他,每天让他画1~2次,每次10~15分钟,孩子会越画越好。对自己手和手臂的控制能力也就会越来越强。乱涂乱画是学习书写、画画的萌芽阶段,它能够训练孩子动手的灵活、准确,并能培养孩子的创新精神。

表33　智能发育测试(1岁10个月)

分　类	项　目	测评方法	通过标准
大动作	向两个方向踢球	父母站在宝宝对面,两个方向(90°内)令宝宝将皮球(直径10厘米以上)分别踢向父母	能向父母所在两个不同方向踢球
精细动作	扭门把手开门	家人要出门时,鼓励宝宝把暗锁上的门把手扭动并开门	能将门上暗锁的把手扭动并开门,3试1成即可
认知能力	会指"1"和"许多"	在宝宝面前分别放1块和3块糖果,让宝宝指出"1"和"许多"	能正确指出"1"和"许多",3试2成

分　类	项　目	测评方法	通过标准
言　语	说出常见物用途	分别问宝宝"碗"、"板凳"等两种以上物品的用途	能说出2种以上物品的用途,4次3成
情绪与社会行为	亲人不在场能独玩一会儿,不闹	宝宝独自玩玩具,大人离去	亲人离开10分钟左右,不闹

表34　智能发育测试(1岁11个月)

分　类	项　目	测评方法	通过标准
大动作	奔跑、较稳	用皮球向前抛出4～5米,鼓励宝宝跑去将皮球捡来	能跑4～5米远自己停下,捡起皮球
精细动作	用棍子够取大小玩具	鼓励宝宝将一大玩具和一小玩具(如乒乓球)用棍子从桌子底下够出来	能够取到玩具
认知能力	会数1～5	鼓励宝宝用口数数	能顺数1～5
言　语	说"我的"	拿着宝宝的东西向他提问:"这是谁的?"	会回答"我的"
情绪与社会行为	喜欢听小故事	给宝宝讲一个小故事	能集中注意听3～5分钟

月月谈

YueYueTan

表35　智能发育测试(2岁)

分　类	项　目	测评方法	通过标准
大动作	双足跳离地面	示范双足同时跳离地面,鼓励宝宝模仿	可双足同时跳离地面两次以上(双脚同时离地,同时落地)
精细动作	一页页翻书	示范一页一页翻书,鼓励宝宝做	用手翻书页,每次一页,连续翻3页以上
认知能力	听完故事能说出讲的是什么人、什么事	给宝宝看图讲一个简短的故事如"小兔乖乖"。然后指着图中的人物问宝宝"这是谁?""它在干什么呢?"	能说出1~2个人物和人物干的1~2件事情
言　语	说自己几岁	问宝宝"你几岁了?"	回答"2岁"
情绪与社会行为	能控制情绪	观察宝宝在一种不愉快的情景中,经劝说能否不哭	在不高兴时,能控制感情不哭闹

2岁幼儿的喂养特点

　　有的孩子快2岁了,仍然只爱吃流质食物,不爱吃固体食物。这主要是咀嚼习惯没有养成,2岁的孩子,牙都快出齐了,咀嚼已经不成问题。所以,对于快2岁还没养成咀嚼习惯的孩子只能加强锻炼。

　　2岁的孩子不要用奶瓶喝水了,从1岁之后,孩子就该开始学用碗、用匙、用杯子了,虽然有时会弄洒,也必须学着去用。有的家长图省事,让孩子继续用奶瓶,这对小儿心理发育是不利的。

　　孩子对甜味特别敏感,喝惯了糖水的孩子,就不愿喝白开水。但是甜食吃多了,既会损坏牙齿,又会影响食欲。家长不要让孩子养成只喝糖水的习惯的,已经形成习惯,可以逐渐地减低糖水的浓度。吃糖也要限定时间和次数,一般每天不超过两块糖,慢慢纠正吃糖过多的习惯。你会发现,糖吃得少了,糖水喂得少了,孩子的食欲却增加了。

　　2岁的孩子每天吃多少合适呢? 每个孩子情况不同。一般来说,每天应保证主食100～150克,蔬菜150～250克,牛奶250毫升,豆类及豆制品10～20克,肉类25克左右,鸡蛋1个,水果40克左右,糖20克左右,油10克左右。另外,要注意给孩子吃点粗粮,粗粮含有大量的蛋白质、脂肪、铁、磷、钙、维生素、纤维素等,都是小儿生长发育所必需的营养

物质。两岁的孩子可以吃些玉米面粥、窝头片等。

怎样补充微量元素

微量元素在人体内所占的比重极小,而它们对人体的作用却不少,因此需要保证幼儿体内微量元素达到标准范围,以保证幼儿正常发育。下面是富含微量元素的食物:

补铁:多吃动物肝脏、黑木耳、芝麻、黄花菜、猪血、蘑菇、油菜和酵母。

补锌:多吃鱼类、瘦肉、花生、芝麻、大豆制品、粗面粉、牛肉、羊肉和牡蛎等。

补铜:多吃动物肝脏、硬壳果、芝麻、柿子、猪肉、菠菜、豆类和蛤蜊等。

补碘:多吃海带和各种海味。

补锰:多吃粗面粉、豆腐、坚果和大豆等。

补铬:多吃粗粮、牛肉和动物肝脏。

补锂:多吃小米、胚芽、糙米、蛋类和谷物。

补硒:多吃鱼类、鸡蛋和动物内脏等。

补钼:多吃各种干豆、谷类和动物肾脏等。

2 岁幼儿每天应吃多少食物

2 岁幼儿身体活动的本领增加,走路利索,加上他们的活动范围和活动量不断提高,所以他们所需要的热能和营养素都比 1 岁小儿有所增加。

1. 2岁幼儿每天应供应的食物量

一个2岁的幼儿每天应供应的营养为:热能5000千焦,蛋白质40克,钙、铁、锌的供应量与1岁幼儿基本相同,维生素类稍有增加。

将上述营养素供给量折合成具体食物,大约粮食类食物为100~150克,鱼、肉、肝和蛋类总量约100克,豆类制品约25克,蔬菜100~150克,再加上适量的烹调用油和糖。每天还要供给幼儿250毫升左右的牛奶或豆浆。

有的幼儿活动量大或生长发育较快,所以需要的食物也会多些。

2. 2岁幼儿的餐次安排

2岁幼儿的胃容量是400~500毫升。为了满足生理上的需要,要将上面列举的食物吃下去,至少要给幼儿安排四顿,一般称为三餐一点,即早餐、中餐、午点和晚餐。

根据热能计算,三餐和午点的热能供应比例应为25%:25%:30%:10%,余下10%的热能由各种零食提供。总的原则是"早餐吃好,中餐吃饱,晚餐适量"。

具体的食物供应数量是否符合幼儿个体的身体需要,父母一定要参考幼儿每月的体重增加情况。

幼儿小食品制作

炒面条

将胡萝卜、扁豆、葱头、火腿切碎,放油锅内炒,待菜炒软后再放入煮过的细面条50克一块炒,最后加番茄酱调味。

菜卷蛋

把适量圆白菜叶放在开水中煮一下,把 1 个鸡蛋煮熟后剥皮,外面裹上面粉,再用圆白菜叶包好放入肉汤中,加切碎的番茄二大匙及番茄酱少许煮,煮好后放入盘内一切两半。

土豆蛋饼

土豆洗净煮熟,剥皮捣碎成泥状。面粉 100 克,鸡蛋两个加入土豆泥、适量糖、盐搅匀,上笼蒸蒸或在平底锅上抹油之后烤热。

正确对待小儿异食癖

异食癖指爱吃一些非食物性的异物,如泥土、火柴头、墙皮、烂纸等。这样的孩子并不是淘气,而是一种病态。

过去认为异食癖与肠道寄生虫有关,也就是说因为孩子肚里有虫子,所以吃乱七八糟的东西。现在认为,异食癖与体内微量元素锌的缺乏有关。缺锌的小孩,容易食欲不好,有异食的表现,同时发育较差。这样的孩子应到医院查一下锌的含量。根据医生的建议,按年龄补充硫酸锌或葡萄糖酸锌等锌制剂,症状就能够缓解。

另外，家长要关心孩子，调制可口的饮食，让孩子吃好，增加营养。如果只是打骂孩子，结果孩子会在你看不见的时候仍然偷偷地吃。

带小孩看病有学问

孩子生病的一个最大特点，就是自己不会叙述病情，要由家长述说。在临床上可以见到有的家长叙述病情干脆利落，有的拖泥带水，也有家长一问三不知，简直不像是带自己的孩子看病。其实，医生要了解的主要是这些疾病从发病至就诊时的全部过程，包括主要的症状，发病的时间、部位、程度。对于主要症状，家长应尽量说得准确，例如"间断发烧3天"，"腹痛1小时"，"咳嗽1周"等，而不要说："从奶奶家回来就发烧"，"从我下班回家他就肚子痛"，因为医生没法知道你是哪天从奶奶家回来或是几点钟下班回家的。

有些家长把自己的猜测和想法当作病情告诉医生，如觉得孩子咳嗽可能是感冒了，看病时不是告诉医生咳嗽的时间和程度，而是告诉医生"这孩子感冒3天了"。实际上这不是病情，孩子是不是感冒应该在检查之后由医生来判断。

在回答医生问题时，要尽量具体。例如，医生询问腹泻的次数，有的家长只回答"不少次""每次换尿布都有"，这使医生无法判断腹泻的情况。

在病人很多、医生很忙的情况下，要求家长叙述病情既要详细，又不能罗嗦，比如医生问孩子什么时候开始发烧，有的家长回答："昨天我休息，带孩子到姥姥家去，去时还好好的，在姥姥家也挺好，可回家的路上，孩子有点没精神，我以为他玩累了，也没在意。晚上一试表，发现发烧

了。"其实只需要回答关键的一句话"昨天晚上开始发烧",就可以了。关于你昨天是否休息,到姥姥家还是奶奶家,以至于你自己的想法,都与病情无关,多说这些浪费了时间,对医生的诊断和治疗又没有任何帮助。家长除了要向医生介绍主要病情之外,还要介绍一般情况。如孩子的精神状态、食欲、大小便等。

有的孩子在幼儿园全托,有的孩子由奶奶或姥姥照顾,父母带孩子看病前,要先向了解孩子情况的老人或阿姨询问一下病情,以便告诉医生,避免在医生问诊时一问三不知。如果几位家长一起带孩子看病,最好由一位最了解孩子病情的家长向医生叙述病情,千万不要七嘴八舌,弄得医生也不知该听谁的。

患有神经系统疾病时,医生可能询问一些出生时的情况,对于一些遗传病还要询问家族中的一些情况。这些,家长应实事求是地回答,既不要含糊其辞,也不要想当然来编造,听不懂的地方可以请医生稍加解释后再回答。在看病时,还应主动告诉医生孩子过去的身体情况,如肝、肾疾病,血液病等。这样医生在开药时可以尽量避免使用对这些疾病有影响的药物。孩子曾经有过对某种药物过敏的历史更要说清楚,以免造成不良影响。如果孩子是慢性病或复诊时,为了使医生了解前几次病情、检查结果和用药情况,要尽量带病历本或底方,以供医生参考,同时也避免重复检查。

如果孩子腹泻,可以找个火柴盒或装中药丸的小盒子,留取一点大便标本,带到医院;否则化验时还得等孩子大便留标本,耽误时间。

另外,家长带孩子看病之前,应该先给孩子做做工作,给孩子讲清:"你现在生病多难受啊,我们到医院请医生看一看,听一听,拿点药回来吃,病就好了,就不难受了。"还可以说:"我们去看看医生是怎么给小朋友看病的,将来你长大了也当医生,给小朋友看病。"总之,要让孩子有思想准备,争取孩子合作,而不要抱起来就走。孩子本来就有病,突然来到一个不熟悉的地方,见到生人,自然会格外紧张。所以,有的孩子一进诊室就恐惧得大哭不止,既增加诊室噪音,又影响看病。

较小的孩子,在进诊室之前,应先进厕所把把尿,免得在看病时尿到医生身上,家长也很尴尬。

看病时,千万不要给孩子化妆,虽然化妆后孩子显得很漂亮,但却影响了医生对孩子面色的观察。就诊时,最好也不要让孩子吃东西,免得满嘴的食物渣,使医生看不清口腔黏膜和咽部的情况。

在向医生叙述病情时,不要把孩子抱在怀里,而应让孩子面向医生,同时给孩子解开衣服,这样可以节省时间。医生在听您讲病情的同时,就可以观察到孩子的表情、面色、精神状态、营养情况,这些对于医生诊断病情都有帮助。

一旦医生戴上了听诊器检查孩子,就不要再说话,保持安静,有利于医生听诊。

不同年龄用药量不同,在医生开药时,要告诉医生孩子的实际年龄(周岁),不要说虚岁,如果孩子最近称过体重,也可以告诉医生孩子的体重,以便医生计算药量。

医生开好处方以后,家长应收好处方,不要交给孩子拿,以防撕破。可以抱孩子到一边穿衣服,以免影响下一位病人就诊。

怎样预防幼儿患龋齿

龋齿就是人们俗称的"虫牙"。龋齿对幼儿的危害很大,首先是牙痛。俗话说"牙痛不是病,痛起来要人命"。牙痛对幼儿带来的伤害很

大。其次,患了龋齿如果不及时治疗,龋洞就会越来越大,最后导致牙齿丧失,后果更为严重。

1. 幼儿为什么会患龋齿

为什么1岁多一点的幼儿,乳牙尚未长齐,就患了龋齿呢? 原因大多是幼儿在睡前吃了饼干、糖果之类的甜食。

很多幼儿喜欢在睡前吃些糖果、饼干之类的零食,父母不给就不肯入睡;也有一些父母认为幼儿夜间睡觉时间长,怕幼儿夜间肚子饿,而喂其他食物又不方便,所以主动给宝宝喂些糖和饼干之类的零食。

由于幼儿在睡前都不刷牙,睡前吃的食物的残渣都堆积在牙面和牙缝里,而且幼儿吃的食物一般都含有较多的糖,这就为细菌的繁殖提供了有利的条件。此外,幼儿睡眠时间较长,睡眠时间口腔活动处于静止状态,唾液分泌减少,不利于清洁牙面,而有利于细菌的繁殖。细菌滋长并能分解其中的糖类,使其发酵产酸,引起牙齿釉质脱钙,日子久了牙齿就会软化,逐渐形成小洞。这就是临睡前吃糖果、饼干易生"虫牙"的道理。

2. 怎样防治幼儿患龋齿

幼儿睡前不应吃零食,更为重要的是要让幼儿养成漱口、刷牙的好习惯。年龄小的幼儿在睡前总要喝些牛奶或果汁,那么父母就应在宝宝喝完这些后再让宝宝喝一口白开水清洁一下口腔。

发现幼儿生了龋齿后应立即治疗,不应拖延,否则小的龋洞不补,就会越来越大,越来越深。

Part 17

宝宝2岁3个月

25～27个月幼儿的发育

身体发育状况

体重	男孩12.10～12.68 千克	女孩11.66～12.24 千克
身高	男孩88.45～90.69 厘米	女孩86.6～87.9 厘米
头围	男孩47.44～48.5 厘米	女孩47.2～48.2 厘米
胸围	男孩48.65～49.8 厘米	女孩48.2～49.4 厘米
牙齿	16～18 颗	

月月谈 *YueYueTan*

体格发育状况

2 岁后,体重缓慢增加,每年约增 2 千克。颌面骨发育及面形逐渐变长。

感觉、运动的发育

2 岁 3 个月的宝宝,走路稳,跑步快,会用双脚跳,也会向前跳,还能从矮的台阶上独立跳下并能站稳。有能跑能停的平衡能力,喜欢踢球。吃饭时喜欢学成人用筷子夹菜。用笔涂涂画画,画直线、画圆。喜欢玩套桶、套塔等。开始有数的顺序和空间感知能力。

语言、适应性行为发育

孩子学会并记住家中各个人物的称呼,如爷爷、奶奶、姥爷、姥姥、小姨等。开始学会用代词你、我。能说完整句子,"妈妈上班了","我要吃香蕉"。能分辨清楚长铅笔和短铅笔。吃苹果能分辨出多少。能知道桌上桌下、身体的前面后面。能知道爸爸是男的、妈妈是女的,也知道自己的性别。

到户外玩耍后能知道自己的家门,会自己走回家。喜欢和小朋友交往。能用声音表现出自己的喜怒情绪,高兴时会笑得很开心,生气时会发脾气、吼叫。有很强的自主意识,要自己穿袜子、穿鞋。穿鞋时分得清左右。

心理发育状况

2岁后,幼儿的动作发育明显发展,能自己洗手、穿鞋,看书时能用手一页一页地翻。手的动作更复杂精细,有随意性。对幼儿心理发展有积极作用。在自我意识开始发展时,出现"自尊心",家长在教育孩子时,要耐心诱导,对待宝宝的每一点进步都要表扬,不要拿他同别的孩子比,要和宝宝自己的原来情况比。千万不要当着孩子的面同别人议论:"看你家宝宝早就会了,我家宝宝就是不会!"孩子能懂得别人数落自己。损伤孩子的自尊心,会使心理发育受到障碍。

宝宝能应用简单句,使用陈述语气。喜欢学三个字的儿歌。对儿歌的记忆是自然而然,还不会有意识、主动地去记忆。记忆的东西不能保持很长时间,需要反复教,不断复习才能记住。

睡眠情况

夜间10~11个小时,午睡2~3个小时。

早期教育与训练

大动作训练

1. 训练立定跳远

与孩子相对站立,拉着孩子双手,然后告诉孩子向前跳,熟练后可让孩子独自跳远,并继续练习从最后一级台阶跳下并独立站稳的动作。

2. 训练跑与停

在跑步基础上继续练习能跑能停的平衡能力。

3. 训练上高处够取物品

将玩具放在高处,在父母监护下,看宝宝是否学会先爬上椅子,再爬上桌子站在高处将玩具取下。让宝宝学会四肢协调以使身体灵巧。训练前,家长要先检查桌子和椅子是否安放牢靠,并在旁监护不让宝宝摔下来。学会了上高处够取物品之后,家长要注意,洗涤剂、化妆品、药品等凡是有可能让孩子够取下来误吞误服的东西,都应锁入柜子内,不能让宝宝自己取用。当宝宝能取到玩具时应及时表扬:"瞧我们宝宝多棒! 真能干!"

4. 练习踢球

用凳子搭个球门,先示范将球踢进球门,然后让孩子试踢,踢进去要给予鼓励。

精细动作训练

1. 学穿珠

用尼龙绳或纸绳穿木珠。选择直径2厘米以上珠孔口径约5毫米的木珠，以便穿入并防止宝宝吞咽木珠。或选用粗塑料导管，剪成2厘米大小，让宝宝学习穿连。

2. 玩套叠玩具

如套碗、套桶等玩具，按大小次序拆开和安装，父母可以先示范，指导孩子按次序拆装，孩子会聚精会神地装拆，可培养孩子的专注能力，学会大小顺序。通过手的操作，实地观察到套叠玩具一个比一个大，逐渐体会到数的顺序和加强对空间的认识。

3. 学画圆圈

用一张大纸放在桌上，让宝宝右手握蜡笔，左手扶纸在纸上涂画。家长示范在纸上画圈，握住宝宝的手在纸上作环形运动，宝宝就开始画出螺旋形的曲线，经过多次练习，渐渐学会让曲线封口，就成了圆形。

4. 学习物品或图片配对

先从已经熟认的物品和图片开始。先找出2~3种完全一样的用品或玩具，如两个一样的瓶子，一样的积木，一样的盒子乱放在桌上。妈妈取出其中两个一样的东西摆在一起，说："这两个一样"，鼓励宝宝找出第二对和第三对。

再找出以前学习认物的图片，先选择几对乱放在桌上，请宝宝学习配对。以后一面学习新的物品和图片，使宝宝能从10、12、14、16~20张当中将图片完全配成对子。

月月谈
YueYueTan

语言能力训练

1. 学习记住家人的称谓

教孩子记住爷爷、奶奶、小姨等称呼。学会自我介绍,说出自己的姓和名,同时学会爸爸妈妈的姓和名。学会用手指表示自己几岁,并用口说出来。如果学话顺利,还可以进一步要求孩子说出自己是"女孩"还是"男孩"。

2. 教学说完整句

教小孩学说完整句,即包括主语、谓语、宾语的句子。如"妈妈上班去了","我要上街","我要上公园",并教孩子使用一些简单的形容词。如"我要红色的球","我要穿红色衣服","我要圆饼干"等,这些形容词一定要是简单、形象、孩子生活中最常见的。

3. 学习辨声音

让孩子听周围东西发出的声音,如鸟叫声、汽车声、钟表声、电话声等,听到这些声音时,问孩子是什么东西发出的声音,答不出来就直接让孩子边看边听,并告诉他,什么是大人讲话的声音,什么是走路的声音,逐渐教他学会辨听。

4. 背诵儿歌

教孩子念儿歌,每首儿歌四句,每句三个字,听起来押韵,读起来顺口,反复练习。注意,要完全会背诵一首后再教新的。这样提高了孩子的语言能力,增强了韵律感、记忆力,同时也激发了小儿的学习兴趣。也可以让孩子多听英语歌,戏要中锻炼了语感。

认知能力训练

1. 学数数

幼儿对物品大小数量的认识是在对实物的比较中形成的,准备各类大小质地不同的小物品,如积木块、纽扣、瓶盖、塑料球等,尽量让孩子用眼看,动手摸,张口讲,通过多种感观参与活动,比较认识物品的大小和数量。还可配合教清点数目,如口读数 1,手指拨动一个物品,读 2,用手指再拨动一个物品,读 3,再拨动一个物品,教清点数目 1～3。学拿实物"给我一个苹果","给我拿两个苹果"等。

2. 学习认识性别

结合家庭成员教孩子认识性别,如"妈妈是女的,姥姥也是女的,你是男的,爸爸也是男的",逐渐让小孩能回答"我是男孩"。也可以用故事书中图上的人物问"谁是哥哥?""谁是姐姐?"以教孩子认识性别。

3. 学习前后和上下

让孩子将两手放在身体的前面和后面,或把物品放在身前和身后,使孩子明白前后。然后让孩子将物品分别放在桌上面或桌子下面,练习分辨上和下。

4. 学认两种颜色

2 岁前孩子一般最先学会的是红色,孩子熟记红色后,再教孩子认黄色或黑色的玩具,如先认黄色玩具、黄色手绢、黄色积木等,多次反复认识黄色后,然后挑出红色和黄色玩具或手绢,让孩子辨识,看是否能正确地挑出所说出的颜色,学会后要连续再练 5～6 天,直到巩固为止。千万不要一次同时教认几种颜色,否则容易混淆。

情感和社交能力训练

1. 认识环境

外出散步时要让孩子熟悉居住的环境、标志物。先认识家门,再让他认识家门附近的几条路、附近的商店等以及父母常去的地方,再让孩子独自顺利找到家。

2. 区分早上和晚上

早上起床时,妈妈说"宝宝早上好"。让宝宝说"妈妈早上好"。边起床边向宝宝介绍"早晨天亮了,太阳也快出来了,咱们快穿好衣服出去看看"。白天要开窗户,使宝宝享受新鲜空气。白天天很亮不必开灯。到晚上也要向宝宝介绍"天黑了,外面什么都看不见了,要开灯才看得见,咱们快吃晚饭,洗澡睡觉"。使宝宝能分清早上和晚上,并让宝宝学习说"晚安"才闭上眼睛。此时可多说几遍"晚安",让宝宝将该词学熟练。

3. 学习广交朋友

带孩子室外散步时,鼓励他与其他小朋友交往,互换玩具,一起背儿歌。选择讲述小朋友团结友爱的故事讲给他听,让他和其他小朋友玩耍时做个好孩子,不打人、不骂人、不哭闹。

生活自理能力训练

1. 学习刷牙漱口

教孩子刷牙时,家长孩子各拿一把牙刷,家长一边做示范动作,一边讲解,应采取竖刷法,顺着牙齿的方向才能将齿缝中不洁之物清除掉。刷牙时应照顾到各个方面,还要将牙刷的毛束放在牙龈与牙冠处,轻轻压着牙齿向牙冠尖端刷,刷上牙由上向下,刷下牙由下向上,反复 6~10 下。要将牙齿里外上下都刷到,刷牙时间不要少于 3 分钟。开始不要用牙膏,待孩子掌握方法之后再加上牙膏。每天早晚各刷一次,晚上刷牙后不宜再吃食物。每次吃完饭后要用温开水漱口,以保证口腔清洁,预防龋齿病。

2. 学用筷子

给宝宝一双小巧的筷子作为玩具餐具,同宝宝一起玩"过家家"时,让宝宝练习用手握筷子,用拇、食、中指操纵第一根筷子,用无名指和小指固定第二根筷子,练习用筷子夹碗中的糖块和枣子,反复练习,用餐时也准备一双筷子,只要孩子能将食物送到嘴里就要赞扬。

3. 学给娃娃更衣

无论男女孩子都喜欢娃娃,而且更喜欢与自己性别相同的娃娃。妈妈可以替宝宝购置塑料的大光身娃娃,自制衣服以备更换。宝宝学习为娃娃更衣可学习穿脱衣服。娃娃的衣服最好稍宽大,用松紧带固定,如宽大套头衫,松紧带裤子等。或用粘贴尼龙代替扣子更便于穿脱。平时鼓励孩子自己脱掉衣服鞋袜,也可以学习穿无扣的套头衫和背心。鼓励孩子自己穿无跟袜和鞋。

表 36　智能发育测试(2 岁 3 个月)

分　类	项　目	测评方法	通过标准
大动作	立定跳远 15 厘米	示范跳过 15 厘米宽的两条线,鼓励宝宝跳	两足同时离地跳过线,脚后跟不得踩到线
	接到滚来的球	宝宝蹲下做好接球准备,你在离他 2 米远的地方把大皮球(直径 10~15 厘米)滚到他的面前让他接住,抱起球	能熟练地接住球并抱起来,3 试 2 成即可
	接反跳的球	离宝宝 1.5 米处,将大皮球与地面呈约 45 度角轻轻拍出,使球反跳后恰好落在宝宝胸前,让宝宝接球	能双手接住球,3 试 1 成即可
精细动作	会画竖线、平行线	示范画一竖线(与宝宝身体垂直)鼓励宝宝画;然后画平行线,再让宝宝学画	会模仿画竖线,长度超过 2.5 厘米,倾斜线与垂直线的夹角小于 30°。会画平行线,只要两条直线不相交即可
	积木砌金字塔	用 6 块方积木示范搭金字塔(下 3 块、中 2 块、上 1 块),推倒后鼓励宝宝搭	能搭起金字塔不倒,3 试 1 成即可

续　表

分　类	项　目	测评方法	通过标准
认知能力	分清长短	出示长短两根绳子,问宝宝:"哪根绳子长?"指出以后,再问"哪根绳子短?"	能正确指出长和短的绳子
	分前后	嘱宝宝将手放到前面、后面(若宝宝不懂可示范一次,如把手放到"前面",然后让宝宝自己做)	能分清前后,3 试 2 成
	分左右	嘱宝宝伸出左手、右手、左脚、右脚(若宝宝不会,可示范一次,如"右手——画画的手",其余让宝宝自己做)	能按指令伸出相应肢体,4 试 2 成
	辨认 1、2、3	将数字 1、2、3 分别写在小卡片上,先将 1 和 2 拿出,要求宝宝指出 1 和 2;再将 2 和 3 放在一起,要求宝宝辨认	能分别辨认出 1、2 和 3 这 3 个数字,3 试 2 成

续　表

分　类	项　目	测评方法	通过标准
言　语	知道自己冷、饿、喝、困时怎么办	分别问宝宝冷、饿、渴、困时怎么办	能正确回答
	知道物品用途（刀、剪、钥匙等5~6种）	问宝宝"妈妈切菜用什么?"、"把绳子剪开用什么?"、"宝宝开门用什么?"、"画画用什么?"、"喝水用什么?"、"盛米饭用什么?"	能正确回答
情绪与社会行为	懂得对自己的批评、避免大人批评	在适当场合如宝宝要打人时用语言、手势、眼神批评宝宝	懂得对自己的批评（不继续这种行为）、知道避免批评（不做禁止过的行为），有简单是非观念

表37　智能发育测试(2岁4个月)

分　类	项　目	测评方法	通过标准
大动作	足尖走路	在地上画一条约10米长的Z字形的线,嘱宝宝在线上用足尖走路	能用足尖自如地走在线上,拐弯不摔倒
	单足站稳3~5秒	嘱宝宝不扶物单足站立	能不扶物站稳3~5秒

续　表

分　类	项　目	测评方法	通过标准
精细动作	为大中小瓶配盖	找出大小不同的3个螺口瓶子，将3个盖子拧下，放在一旁打乱，嘱宝宝为3个瓶子配盖、拧好	能准确地为瓶子配盖、拧好
	倒米粒不洒出	在无把的小杯子里盛上1/3的米，示范将米粒倒入另一只同样大小的杯子，来回倒2次，鼓励宝宝做	能来回倒2次米粒不洒出
认知能力	分清晴、阴、风、雨、雪	将分别表示晴、阴、风、雨、雪等天气情况的图片拿出，让宝宝分别找出表示这些天气的图片	能分清不同天气情况的图片
	认识水果4种，动物5种,植物2种	给宝宝出示表示水果、动物、植物的图片,鼓励宝宝说出它们的名称	能正确说出4种水果、5种动物、2种植物的名称
言　语	背诵唐诗	鼓励宝宝背诵唐诗	能背诵1~2首唐诗
	说4个英语单词	鼓励宝宝用英语说"您早"、"谢谢"、"再见"以及几种食物,如"香蕉"、"苹果"、"橘子"等	能用英语说2种礼貌用语,2种水果的名称

表38 智能发育测试(2岁5个月)

分　类	项　目	测评方法	通过标准
大动作	在单排砖上顺利行走	将普通长方形的砖10~20块放倒,窄面连接成平衡木,鼓励宝宝在上面行走	能行走自如
精细动作	会写0和1	嘱宝宝用蜡笔写0和1这两个数字	"0"能封口,"1"能竖直
	会按秩序放好套筒6层	用市售套筒玩具(6~9个筒状带盖的小盒子)示范套筒,鼓励宝宝做	能按由小到大的顺序套上6个以上
认知能力	认识交通工具6种	准备交通工具图片8~12张,请宝宝说出交通工具名称和在什么情况下应用	能认识并说出6种交通工具的名称和用途,如飞机在空中飞,船在水上走,汽车、自行车在街上跑,火车在铁轨上行,救护车送病人等等
	知道5以内数目一样多的情况	在宝宝面前放2堆糖果,一堆在两边分别放3块(或4块或5块)糖果,问宝宝两边都是几?再在另一堆两边分别放1块和3块糖果,问宝宝两边各是几?要求宝宝指出两边一样多的一堆糖	能指出5以内两边一样多的糖果,3试2成

续　表

分　类	项　目	测评方法	通过标准
言　语	会复述 3 位数	以每秒 1 个数字的速度读"421"，要求宝宝复述	能准确复述 3 位数字
	能听懂耳语，正确传 3~4 个字的话	用 3~4 个字为一句与宝宝做传话游戏	能准确地传 3~4 个字的话，3 试 2 成
情绪与社会行为	帮助成人干一点事，如分糖果、扫地、洗玩具等	当你做家务时，观察宝宝是否知道帮忙干点事，如扫地、洗玩具等	能帮助干一点需要配合的家务活

2 岁 3 个月幼儿的喂养特点

　　2 岁以后的宝宝，应该逐渐增加食物的品种，使其适应更多的食物；应摄入充足的含碘食物，如海带、紫菜等。碘是制造甲状腺素所必需的元素，甲状腺素可调节身体新陈代谢，促进神经系统的功能和发育。2 岁 3

个月的宝宝,乳牙已出齐或未完全出齐,咀嚼功能仍然很弱,据我国婴幼儿营养专家研究,6 岁时的咀嚼效率才达到成人的 40% ,10 岁时达 75%。因此,在制作幼儿膳食及各种肉、菜等,均要切碎、炖烂才易于幼儿咀嚼。含碘食盐需在菜作好后放入。因为碘易于在受热、日晒、久煮、潮湿的状况下挥发破坏而失效。

粗纤维食品

粗纤维食品在我们日常生活中不可缺少。营养学家指出,吃的粮食过于精细,会造成维生素或人体内必需微量元素的缺乏,引起营养性疾病。

粗纤维食品主要包括玉米、黄豆、大豆、绿豆、蚕豆和北方的燕麦、荞麦等。此外海产品如海带、海蜇。菌类食品如黑木耳、银耳、蘑菇等。

给宝宝适量增加粗纤维食品,可促进宝宝咀嚼肌及牙齿、下颌骨的发育。能促进胃肠蠕动,增加胃肠平滑肌的收缩功能,防止宝宝便秘,同时可起到预防龋齿和结肠癌作用。

在为宝宝做粗纤维食品时,要做得细、软,以便于咀嚼。

营养食谱

早餐　8：00　奶 200 毫升

千层饼 40 克

素鸡腿少许（或煮鸡蛋 1 个）

10：00　水果 1 个或小点心一块（如宝宝活动量大）

午餐　11：30　米饭一碗（50 克）

海带烧肉（肉 30 克、海带 30 克）

黄瓜木耳豆腐汤一碗

3：00　牛奶 200 毫升、小点心一块

晚餐　6：00　馄饨一碗（肉末 30 克、虾米皮 10 克、

紫菜 10 克、香菜 10 克、大白菜 30 克）

小花卷 1 个（约 50 克）

幼儿食品制作

肉末汤面

【用料】富强粉 100 克、瘦猪肉 30 克、鸡蛋半个、紫菜 5 克、虾皮 5 克、香油 2 克、菠菜 50 克、植物油 5 克、食盐适量。

【做法】在面粉中加入调好的鸡蛋及适量的水，和成面团，略放片刻，擀成面片，切成细面条。洗净肉、切成末，把植物油放入锅内，待油热时，

放入肉末煸炒,同时放入葱姜末、虾米皮,然后添入清水烧开,下面条及紫菜末,煮熟后放入菠菜加适量盐,加香油后煮片刻即成。

此食谱含蛋白质 23.3 克,脂肪 13.1 克,热量为 516.9 千卡(2162.7千焦)。

豆腐丸子

【用料】豆腐 500 克、馒头屑 100 克、面粉 10 克、酱油 5 克、食盐 1 克、番茄酱 10 克、葱姜末 10 克、熟猪油 500 克(实耗 80 克)、团粉 20 克、鸡蛋两个。

【做法】用刀背将豆腐捣成泥,放在碗内,磕入鸡蛋,加入团粉,面粉、食盐、葱姜末、酱油等充分拌和,成豆腐馅。将炒锅置于火上,放入植物油烧至六成热,用手将豆腐馅挤成小丸子,滚上馒头屑,下油锅炸至金黄色时,捞出沥油。装盘,另带番茄酱碟上桌即成。

此食谱含蛋白质 83.2 克,脂肪 108.5 克,热量 1551.6 千卡(6491.8千焦)。此系含高蛋白食物。

蛋黄粥

【用料】大米 50 克、鸡蛋黄 2 个(约重 40 克),菠菜 50 克,食盐和香油等适量。

【做法】用冷水洗净大米;洗净菠菜,用开水烫一下后切成小段;把蛋黄用水调匀。锅内放水烧开,放入大米煮至烂熟,把蛋黄液倒入,放入菠菜,加入适量食盐,点香油搅拌均匀后即成。

此食谱中含蛋白质 11.2 克,脂肪 11.7 克,热量 315.9 千卡(1321.7千焦),铁 4.1 毫克。

春 天

春天到,春天到。
花儿开,鸟儿叫。
宝宝跳,宝宝笑。
宝宝宝宝长大了。

蜜 蜂

红花开,黄花开。
蜜蜂飞,采蜜来。
东采蜜,西采蜜。
采的蜜,甜蜜蜜。

星星和月亮

小星星,亮晶晶,
小月亮,伴你行;
星星月亮好朋友,
手牵着手一起走。

花生米

麻屋子、红帐子,
里面睡个白胖子。

蝴 蝶

花儿开,蝴蝶来。
红花白花都喜爱。

Part 18
宝宝2岁6个月

28～30个月幼儿的发育特点

身体发育状况

体重	男孩 12.55～13.13 千克	女孩 12.1～12.68 千克
身高	男孩 90.3～91.7 厘米	女孩 88.45～90.69 厘米
头围	男孩 47.7～48.8 厘米	女孩 47.44～48.5 厘米
胸围	男孩 49.1～50.2 厘米	女孩 48.65～49.8 厘米
牙齿	18～20 颗	

体格发育状况

　　宝宝长大了,躯体和四肢的增长比头快,以支持身体重量和独立行走,尤其以下肢、臀、背部的肌肉最为发达。由于骨骼增长快,钙磷沉着亦增加。

　　宝宝的乳牙20颗已出齐,有一定咀嚼能力,但乳牙外面的釉质较薄。胃容量随年龄增长而增大,胃液的酸度和消化酶也逐渐增强。胰液消化酶的分泌有时受气候影响,炎热和生病时都会受影响而被抑制分泌。因此在夏季或生病时食欲都下降。幼儿期肠管相对较长,小肠内有发育很好的绒毛,所以吸收能力很强,对正在生长发育,物质代谢需求旺盛的幼儿是很有利的。但是,由于肠道壁薄,通透性强,屏障功能差,肠道内的毒素也容易被吸收而引起中毒症状。因此,在饮食卫生方面应格外注意。

感觉运动发育

　　能认识几种不同颜色的物品。还能认识圆形、长方形、三角形和方形。玩球时会接反弹球。会用面团捏成碗、盘等。能单足站立。自己会扶栏上楼梯,一步一级交替上楼。下楼梯双足踏一台阶。会分清晴、阴、风、雨、雪天气。知道大小顺序。会解扣子及开合末端封闭的拉锁。

月月谈 YueYueTan

语言、适应性行为发育

2岁6个月的幼儿已掌握很多词汇,语言中简单句很完整。会背诵简短的唐诗、学会看图讲故事,叙述图片上简单突出的一点。能组织玩"过家家"游戏,扮演不同角色如当妈妈、当娃娃、当医生等。能说出日常用品的名称和用途,如梳子梳头发,毛巾洗脸时用等。

心理发育状况

幼儿2岁后想象力开始出现,会把一种东西假想成另一种东西,如把一个小盒子当成汽车,边推边喊"汽车来了,嘀嘀"。思考问题和解决问题的方法,仍为直觉行动思维。思维和行动密切联系,在行动中思维,离开了行动便不再进行思维,如动手堆搭积木时,才想如何搭堆,堆搭到哪里就想到哪里,停止堆搭,也就不再思索。幼儿期思维活动还很简单,处于开始发展阶段。

睡眠情况

夜间睡10~11个小时,午睡2~2.5个小时。

早期教育与训练

语言、适应性行为发育

1. 足尖走路

练习身体平衡,学会单足站稳后开始学习。

方法:先学习提起一个足后跟,学习用一个脚尖走,一只脚学会后再提起另一只脚后跟,学习用两个脚尖走路。

刚学走路的孩子,由于要保持身体平衡,走路时两脚分开到与双肩宽。学习用脚尖走路要求将身体的重心从整个脚底移至脚的前半部,脚后跟提起,练习时要求身体伸直,不能前倾。否则在走路时抬起一足,身体重心就会完全落在孩子另一脚底的前半部分。用脚尖走路需要保持身体平衡的小脑、大脑和脊髓运动神经有良好协调。促进各神经系统间的联系和协调动作,为以后更复杂的体能训练打基础。

2. 走平衡木

练习高空的身体平衡能力。

方法:在离地10～15厘米的平衡木上学习行走。可先扶宝宝在平衡木上来回走几次,使宝宝习惯高处行走,渐渐放手让宝宝自己在平衡木上走。鼓励宝宝展开双臂以协助身体的平衡。

精细动作训练

1. 手的操作训练

按大小顺序套上6~8层的套桶,能分辨一个比一个大的顺序,而且手的动作协调,能将每一个套入并且摆好。

2. 倒米和倒水训练

用两个小塑料碗,其中一只放1/3硬大米或黄豆,让孩子从一只碗倒进另一只碗内,练习至完全不洒出来为止。然后再学习用两只碗倒水。

语言能力训练

1. 看图说话

与小儿一起看生活日用品图片,边看画片边讲各种物品的特点及用途,让孩子模仿大人的语言,边指画片边练习说。

2. 练习表达

和孩子一起看图画,讲出画上的内容,让孩子回答图画上问题,如"这是什么动物",能用语言表达。

3. 学会耳语传话

妈妈在宝宝耳边说一句话,让宝宝跑到爸爸身边,告诉他妈妈刚才说的什么,由爸爸将话再讲出来,看宝宝是否将话听懂了,并能正确将话传出去。耳语是一种特有的方式,它声音低,不让他人听见。同时听者只能用听觉去理解,不能同时看眼神和动作。孩子很喜欢耳语,因为它有一种神秘感。2 岁 6 个月的宝宝正处于语言学习阶段,光靠听觉,没有其他辅助方法,要听懂耳语有一定难度,开始先说一个物名或两三个字的短句,让孩子第一次传耳语成功,增强孩子信心,以后再逐渐增长句子并增加难度。

认知能力训练

1. 认识数字 1、2、3 和若干汉字的训练

幼儿容易以形象区分事物,如"线条 1","鸭子 2","耳朵 3"等汉字近似图形,容易学习和分辨。

2. 容量多少的训练

用一大一小的塑料瓶,让孩子用水将小瓶装满,再倒入大瓶,再从大瓶倒入小瓶,以建立容量大小的概念。

继续复习圆形、三角形、正方形、长方形等。在巩固红、黄、黑三种颜色的基础上再学认绿色、蓝色、白色等色彩,要反复练习。

训练幼儿懂得日常需要

要教会幼儿口渴要水喝,饿了要吃饭,困了要睡觉,当天气变化,感到冷要加衣,感到热要脱衣,生病了要上医院看病等日常生活需求。还要懂得鱼在水中游,鸟在天上飞,狗在地上跑等知识。

月月谈　*YueYueTan*

情绪和社交能力训练

1. 训练幼儿会安静片刻

幼儿生性好动,只要睡醒后睁开双眼,总是不停地活动,很难控制自己安静片刻,因此应加以训练。

方法:家长和幼儿都做好准备,关上门,关上一切音响设备,安安静静地坐好,闭上眼睛。此时一切杂乱的紧张心情都会渐渐消失,而且可听到许多从前未感受到的细微声音,如远方车过马路声,风吹树叶声。幼儿经过几分钟的安静训练后,懂得保持安静才能更集中注意,才听得到以前听不到的细微声音,并学习保持安静的方法。开始每次安静训练 3 分钟结束,以后渐延至 5 分钟结束。安静训练时,可用耳语说话声或用手势表示结束。然后站起来,轻声离开屋子,开始进行户外的欢腾的活动。这种安静训练,每周 1～2 次。受过安静训练的孩子会自觉安静,减少活动和发声、学会约束自己。同时也培养专注力,对以后学习有好处。保持安静也是幼儿文明礼貌的行为。让孩子学会该活跃时尽情活跃,该安静时能保持安静。

2. 学习家务和学说文明用语

应培养幼儿在家中帮助大人做事的习惯,如大人扫地,他拿簸箕,大人擦桌椅,他擦玩具等。大人与人交往中说"您好",要让幼儿学习,在家中对长辈要称呼"您好"、接受帮助时要说"谢谢"、早晚均要道"早安","晚安",分别时要说"再见"。孩子在接受礼物时要听从家长命令并说"谢谢"。

3. 继续交往能力

在和同伴一起玩耍中,如出现打人、骂人等行为时,大人要用语言、手势和眼神给予批评,增强孩子的控制能力,终止这种行为。对孩子不良行为的制止要及时,态度要坚决,不要打骂,不能庇护、娇纵,培养幼儿在友好的气氛下与同伴交往玩耍。

生活自理能力训练

1. 学会穿背心和套头衫

培养幼儿自己穿衣服的自理能力。

方法:先找出一件前面有图的背心和套头衫,让孩子识别前后,同时看清领口前面开口比后面大些,将两手伸到袖口或背心的袖洞内,双手举起,将衣服的领洞套在头上,用手帮助使衣服套过头而穿上。这种学习最适合在夏季开始,夏季衣服简单,天气暖和,孩子动作再慢也不担心着凉。夏天让孩子学会穿衣服,到秋天再渐渐加衣服,也是渐渐学习的过程。

2. 学会擦屁股

培养孩子大便时自己解开裤子,蹲在便盆上大便,便后学习自己擦屁股,开始练习时,大人在旁监督,但不可包办代替。让孩子拿纸擦,若未擦干净,再给纸擦,直到擦干净为止。并及时表扬孩子能干,自己的事自己做。

表39 智能发育(2岁6个月)

分 类	项 目	测评方法	通过标准
大动作	走平衡木	示范在离地10厘米、宽约15厘米的平衡木上行走,鼓励宝宝做	能在平衡木上行走自如
精细动作	画"十"字和正方形	示范画十字、正方形、鼓励宝宝画	"十"字两条线长短大致相同,要基本垂直;正方形为闭合的四边形,允许某边的长度稍长,以及某个角与90°稍偏离
	会解开和按上按扣	在宝宝脱按扣上衣时,嘱其解开或按上扣子	能不用帮助解开和按上按扣
	开合拉锁	示范开合末端封闭的拉锁,鼓励宝宝做	能自己开合拉锁
认知能力	认识4种颜色	将红、黄、黑、白4色的积木或珠子放在宝宝面前,嘱其按颜色的名称拿出相应的积木或珠子	能准确取出相应颜色的积木或珠子,4试2成
	认识4种几何图形	将圆、三角形、正方形及菱形分别画在白纸上,要求宝宝按照你说的名称指出4种几何图形来	能准确指出图形,3试2成

续　表

分　类	项　目	测评方法	通过标准
认知能力	知道 3 种动物的特点和生活习性	给宝宝出示几种动物图片，或带宝宝到动物园玩时，要求宝宝说出动物的习性，如小白兔有两只长耳朵，爱吃萝卜爱吃菜;小鸟有翅膀，会在天空飞等	能说出 3 种动物的名称、特征及生活习性
言　语	会叙述 10 种图片，每幅图讲述一个特点	给宝宝出示 16~18 种图片，包括动物、植物、食物、衣物、家具、交通工具等，要求宝宝说出物品的名称和它的特点(形状特点或用途等)	能说出 10 种图片的名称，每幅图讲出一个特点
	学会唱 2~3 首歌曲	宝宝愉快时，嘱其唱歌(在 3 个音阶内的儿童歌曲)	会唱 2~3 首歌曲，节拍、旋律、吐字较准
情绪与社会行为	能玩过家家，会表达意见，服从命令	让宝宝与其他小朋友在一起玩，引导他们玩"过家家"游戏，观察其表现	乐意与小朋友在一起玩"过家家"之类的合作游戏，会服从命令，表达意见

表40 智能发育(2岁7个月)

分 类	项 目	测评方法	通过标准
大动作	登上三层的攀登架	鼓励宝宝在儿童游乐场或托幼园所的攀登架下往上爬,大人在一旁看护	能爬上3层攀登架(每层间距12~15厘米)
精细动作	会捏面塑	用一个小面团示范捏成盘子、碗、苹果等,鼓励宝宝模仿	能捏成2~3件小物品
认知能力	认识4~5种不同职业	向宝宝出示不同职业图片,问宝宝"这是谁","他是干什么的?"	能正确回答6~8种职业及作用,如"司机叔叔开汽车","农民伯伯种粮食","警察叔叔捉坏人","医生阿姨给人看病"等
	背数、点数、按数取物	要求宝宝口头背数;然后出示20个扣子让宝宝将扣子逐个点数放入盒子里,点数到口述与实物相符为止,再嘱其"拿3个给我"。	能口头数数到20;点数到3;能拿出3个扣子
言语	回答故事中的问题	给宝宝讲一个他已经熟悉的故事,如《拔萝卜》,讲完后提问:"谁先去拔,拔什么,怎样才能拔出来"。	能准确回答故事中的问题

续　表

分　类	项　目	测评方法	通过标准
言　语	回答"如果"后面的结果	用宝宝熟悉的故事如《小兔乖乖》提问:"如果小白兔以为是妈妈回来了,把门打开了会怎么样?"	能准确回答
情 绪 与社 会 行 为	学会等待	观察宝宝在适当的场合如排队买东西或玩耍需要等待时的表现	知道要排队,并耐心等待

表41　智能发育(2岁8个月)

分　类	项　目	测评方法	通过标准
大动作	举手过肩投球2米以上	示范举手过肩向远处抛小皮球,鼓励宝宝做	能举手过肩向远处抛球,球落地处离宝宝2米以上,3试2成
	熟练骑足踏三轮车	让宝宝骑足踏三轮车	熟练骑三轮车,会走直路、转弯
精细动作	定形撕纸	用缝纫机在白纸上扎成圆形、三角形、长方等形状,示范照着针孔将纸撕成相应形状,鼓励宝宝做	会撕圆形、三角形、长方形等形状
	会写2~4个数字	示范书写1、7、4、2等数字,鼓励宝宝写	会正确书写2~4个数字

分　类	项　目	测评方法	通过标准
认知能力	初步理解时间概念	当宝宝有某种强烈的要求时，告诉他"等吃过饭再……"，或"等爸爸回来后再……"，观察到时间后他是否还有这种要求	到时间时，仍有要求，或准备做所要求的事
	认识 6～8 个数字	出示数字卡片，让宝宝指认	会认 6～8 个数字，3 试 2 成
	颜色、字卡、数字配对	让宝宝在 10 张彩色图片中将颜色相同的两张图片找出来；将宝宝认得的汉字或数字每个字各写两张混在一起，要求宝宝将相同的字找出来	能按指定的颜色、汉字、数字在卡片中找出来
言　语	介绍家庭相册中的人和职业	当家里来了相册中有的亲戚或客人时，请宝宝向他"介绍"相册中的人，告诉来人他们是谁，干什么职业，在哪工作等	能说出来家里的亲朋好友的职业，在哪工作等
情绪与社会行为	购物当助手	带宝宝到商店购物时，让他帮助购物取物并讲述该物品的名称和用途，回家后让宝宝复述	喜欢帮助大人购物，能说出所购的 2～3 种物品的用途

喂养指导

2岁6个月幼儿的喂养特点

2岁6个月的幼儿,生长速度仍处于迅速增长阶段,各种营养素的需要量较高。肌肉明显发育,尤其以下腹、臂、背部较突出。骨骼中钙磷沉积增加,乳牙已出齐,咀嚼和消化能力有了很大的进步。但胃肠功能仍未发育完全。每日按体重计算热能需要量与婴儿期相比没有增加,但仍高于成人需要量。由于生长发育的原因,蛋白质需要量高。在饮食营养素供给不足时,常易患贫血、缺钙、缺维生素 A、维生素 D,易患佝偻病。

2岁6个月幼儿每天所需总热量约为 1226 千卡(5130.56 千焦),蛋白质约每天 40 克,钙每天约 530 毫克。

使孩子聪明的食物

所有的爸爸妈妈都有一个共同愿望,就是让宝宝变得聪明、伶俐。科学研究证明:食物可以改善大脑的发育,健脑、养脑的第一原则就是从各种食品中吸取均衡营养。所以,在吸取营养时,重要的是选择有利于健脑、养脑的各种食品。

动物的内脏和瘦肉、鱼等含有较多的不饱和脂肪酸及丰富的维生素和矿物质。水果如苹果、香蕉,不但含有多种维生素、无机盐和糖类等大脑所必需的营养成分,而且含有丰富的锌,锌对增强记忆力有很大益处。常吃水果,可促进智力的发育。

豆类及豆制品,含有丰富的蛋白质、脂肪、糖类及维生素 A、B 族维生素等,尤其是蛋白质和氨基酸的含量高,以谷氨酸含量最为丰富,谷氨酸能促进脑神经的活动,是大脑赖以活动的基础。

硬壳类食物,如核桃、花生米、杏仁、葵花子、松子等均含有对大脑思维、记忆、智力活动有益的脑磷脂和胆固醇。

同时蔬菜、海鲜也有助于大脑的发育。健脑食品的选择应适宜宝宝的消化吸收,量要适合,营养要全面,不能偏重某一种或以健脑食物替代其他食物。摄入食物种类要广泛,避免营养不全面而影响正常的生理发育。

营养食谱

早餐8:00　奶 100 毫升,猪肝香粥一碗(30 克),瘦肉末少许(20克)。

10:00　香蕉 1 根。

午餐11:30　米饭一碗(50 克),豆腐烧肉(肉 30 克,豆腐 30 克),苹果甜汤一碗。

3:00　牛奶 100 毫升,核桃 40 克。

晚餐 6:00　小馒头 1 个,瘦肉粥一碗。

表42　一天食物参考量

食物	重量(克)	蛋白质(克)	热量(千焦)	钙(毫克)
粮食	100	9.9	1481	3.9
牛奶	250毫升	8.25	722	300
豆类	20	7.26	345	73
肉类(肥瘦肉)	50	4.75	1213	3
鸡蛋	62.5	7.8	379	29.4
蔬菜(浅色菜)	120	1.36	88	42.12
（深色菜）	30	0.54	31	29.1
水果(苹果)	100	0.3	197	9

28～30个月幼儿保健

正确对待幼儿厌食

2岁6个月的孩子,出现厌食现象,使父母焦急烦恼。遇上这种情况,不要太着急,你的焦急心情也会影响孩子。你应该耐心找原因,找出原因才能对症解决。厌食原因很多,大致分为三类:心理因素、不良饮食

习惯和疾病。首先把厌食和食欲不振分开。真正厌食是少数,多数是食欲不振。孩子的食欲在正常情况下是有波动的。孩子一时的食欲下降往往使家长过分紧张,惟恐孩子发育不良,想方设法让孩子进食,常采用哄、吓,甚至强制、威胁,久而久之使孩子形成恶性条件反射,一到吃饭时孩子和家长都处于紧张状态,是形成心理性厌食的主要原因。此时家长不要过分重视孩子吃多吃少,帮助孩子消除紧张心理,等待孩子恢复旺盛食欲。如果是不良习惯引起的,如多饮糖水,滥吃零食等应予以纠正。如因某些疾病引起,如贫血、缺锌、肠寄生虫病等应及时治疗。

教宝宝刷牙

20 颗乳牙出齐时,就应该学习刷牙。刷牙可清除食物残渣,消除细菌滋生的条件,防止龋齿,同时能按摩牙龈,促进血液循环,使牙周组织更健康。

刷牙要用竖刷法,将齿缝中不清之物清除掉,刷上牙,由上向下,刷下牙由下向上,反复 6～10 下,动作不要太快,要将牙齿里外上下都刷到。选用两排毛束每排 4～6 束、毛较软的儿童牙刷,每次用完甩去水分,毛束朝上,放在通风处风干,避免细菌在潮湿的毛束上滋生。每天早、晚都要刷牙,尤其晚上更重要,避免残留食物在夜间经细菌作用而发酵产酸,而腐蚀牙齿表面。

Part 19
宝宝2岁9个月

31 ~ 33 个 月 幼 儿 的 发 育

身体发育状况

体重	男孩 13.0 ~ 13.53 千克	女孩 12.55 ~ 13.13 千克
身高	男孩 91.35 ~ 93.38 厘米	女孩 90.3 ~ 91.7 厘米
头围	男孩 47.88 ~ 48.95 厘米	女孩 47.7 ~ 48.8 厘米
胸围	男孩 49.45 ~ 50.54 厘米	女孩 49.1 ~ 50.2 厘米
牙齿	20 颗乳牙	

月月谈

YueYueTan

体格发育状况

　　此阶段的幼儿,躯体动作和双手动作在继续发展,比前阶段熟练、复杂,而且增加了随意性,可以比较自如地调节自己的动作。可以自由轻松地从楼梯最后一阶跳下。会独脚站立。双手动作协调地穿串珠,会用手指一页一页地翻书。会将纸折叠成长方形。对周围事物有极大的好奇心,喜欢不断地提问。

感觉、运动发育

　　喜欢看图书、听故事,能回答故事中的主要问题。穿鞋时能分清左、右。学习自己洗脚、自己穿有扣子的衣服。喜欢帮助妈妈做事。能自己收拾衣物和玩具。

语言、适应性行为发育

　　宝宝会用简单句与人交流,不仅会用你、我、他等代词,还会用连词。知道许多日常用品的名称和用途。所用简单句包括主语、谓语和宾语。所用的词汇中以名词最多,动词次之。直接用名词陈述自己或别人的行为。开始出现问句如"我们上哪儿去玩?"开始学会等待,如去公园玩碰碰车排队等候。

心理发育状况

幼儿在认识物体时,几乎都是按照物体的形状进行区分,而不是注意物体的颜色。说明此期幼儿认识物体,首先注意的是物体形状而不是物体的颜色。开始出现想象力,但比较简单,只是实际生活的简单的重现,如在家用娃娃当宝宝,自己当妈妈,送娃娃上幼儿园等。如果想象力能使幼儿作出超越当时现实的反映,心理现象可以更为活跃丰富。

此阶段,幼儿的思维方式仍明显地带着行动性。思维与行动密切联系。能分出物品大小。能模仿画横线、竖线。口数数能数 6～10。与周围人们有广泛复杂的交往,促进了情绪和情感的发展,出现高级情思的萌芽。如成人给予他简单事情做,完成后会体会到"完成任务"的愉快。和小朋友相处,会引起友爱、同情等情感体验。懂得简单的行为准则,如"对",或"不对",或"不可以"。

睡眠情况

夜间睡眠 10～11 个小时,午间睡眠 1.5～2 个小时。

早期教育与训练

大动作能力训练

1. 让幼儿自如的走、跑、跳

让幼儿与小伙伴玩"你来追我"游戏。练习跑跑停停。带幼儿练习长距离走路。

2. 训练上攀登架

锻炼幼儿勇敢的性格,学习四肢协调,身体平衡。学习爬上三层攀登架。

方法:将三层攀登架固定好,每层之间距离为 12 厘米以上(不超过 15 厘米),家庭中可以利用废板材或三个高度相差 10～12 厘米的大纸箱两面靠墙让宝宝学习攀登。攀登时手足要同时用力支持体重,利用上肢的机会较多,可以锻炼双臂的肌肉支撑自己的体重。同时锻炼脚蹬住一个较狭小的面也能保持全身的平衡。

攀登要有足够的勇气,要有不怕摔下来的危险。因此要检查攀登架是否结实可靠,支持点是否打滑等安全因素。家长要在旁监护。鼓励孩子勇敢攀登。

3. 钻洞训练

使宝宝能钻过比身高矮一半的洞,培养克服困难的勇气。

方法:在家庭内可利用写字台的空隙或将床铺下面打扫干净让宝宝练习钻进去。或利用大的管道或天然洞穴。钻洞时必须四肢爬行,低头或侧身才能从洞中钻过。孩子都喜欢钻洞。孩子有时还将一些玩具带到床铺下面玩。宝宝也喜欢一个属于自己的小空间。因此可用一只大纸箱如冰箱、洗衣机的大包装箱,在箱的一侧开"门",一侧开小窗户透入光线,以满足孩子的需要。宝宝可以钻进这个小门作为自己的家,将一些小东西带进去玩,也可带小伙伴进去玩。孩子在钻进钻出的同时,锻炼了四肢的爬行和将身子和头部屈曲的本领。四肢轮替是小脑和大脑同时活动的练习。

4. 骑足踏三轮车

练习驾驶平衡和四肢协调。2 岁半到 3 岁的孩子由于平衡和协调能力差,骑老式三轮车更为安全。孩子先学习向前蹬车,家长在旁监护,尽量少扶持,熟练之后,自己会试着左右转动和后退。双足同时踏,配合双手调节方向,身体依照平衡需要而左右倾斜。这些都是很重要的协调练习。

精细动作训练

1. 定形撕纸(锻炼手眼配合,练习手的技巧)

方法:将纸在缝纫机下扎孔以形成条状、圆形、方形、三角形、长方形,让宝宝先将条状针孔纸撕成条,熟练之后,再撕其他形状的针孔纸。练习至熟练后,用铅笔画成各种形状,小心撕成画的形状。

2. 拼出切成 4 ~ 6 块的图

方法:用一张动物图片或一张房屋图片,将其裁成 4 ~ 6 块,让孩子自

己去拼上。拼图能锻炼孩子从事物局部推及整体的能力,还可锻炼手的敏捷和准确的能力。

语言能力训练

1. 训练说物品的用途

选孩子日常熟悉的物品如杯子、牙刷、毛巾、肥皂、衣服、鞋等,说出名称和用途。

2. 训练说词模仿动作

训练幼儿在大人不断说出各种能表现动作的词时进行表演,如说"哭",就作哭状,说"笑",就作笑状,说"开汽车",就模仿开汽车等,也可大人做各种动作,让孩子说出词。

3. 反义词配对训练

锻炼思维、记忆能力,发展言语。

方法:在宝宝认识若干汉字的基础上选出 10 对字卡作反义词配对。如出上时应配下,出长时应配短,出大时应配小等。在平时学汉字时要有意地成对学习,可便于孩子理解,又可作配对训练,可重复加深记忆。

认知能力训练

1. 学写数字和简单汉字

方法:先学写近似的数字,如 1 和 7,再学写 4,这三个数字都以直线为主,也容易辨认。然后学写 2 和 3。2 似鸭子,3 似耳朵,注意 3 的方向,开口向左,易写成ε。再学写5。5与3方向相同,上加一横。然后学0和8。许多小孩用两个小圆连成8,经过教导才会旋转成8,要注意3和8的区别在于3是两个半圆,向一边开口,8是两个封口的圆。最后才学写6和9。6头上有小辫,9下面有脚。有些孩子会写得方向相反,要经过纠正才能写正确。

也可学写简单汉字,如一、二、三、工、土、大、人等。

2. 学习认识人的不同职业

家长要随时给孩子介绍不同职业的人,以及所做的工作和作用。如乘公共汽车时,认识司机开汽车,售票员售给乘客车票。种地的是农民,修路的是筑路工人等。使宝宝学会尊重做不同工作的人,和各种不同的人配合,如早晨看到清扫马路的阿姨时,告诉他不要随便扔物品到地上,要扔到垃圾箱等。

3. 理解时间概念的培养

宝宝习惯于有规律的生活,他懂得每天早饭后可以玩耍,到10点吃过东西后可以到外面去玩耍,回来时总是随大人买点菜或食品,准备中饭。饭后午睡,起床后吃一点东西再去玩耍,然后爸爸或妈妈回家,很快再吃晚饭,饭后全家人在一起游戏,再吃水果,然后洗澡睡觉。当宝宝有一些要求时,大人经常告诉他"吃过午饭",或"爸爸下班回来","午睡之后"等,以使宝宝形成时间概念,这样宝宝容易听话,也能耐心等到应诺的时间。幼儿的时间概念,就是他经历的生活秩序。幼儿还不认识钟表,也不懂得几点钟是什么意思。上托儿所的孩子会模仿大人看钟,他会从针的角度和自己的生活日程,知道下午吃完午餐后针指到那个位置妈妈就会来接他,所以快到时间就会竖起耳朵听脚步声,拿上自己的衣帽准备回家。

规律的生活是十分重要的。如果突然换环境,或改变了生活规律,孩

子会感到不习惯,不睡觉,甚至哭闹不安。3岁前应少变更生活环境,晚上要与父母或亲人在一起。

4. 收取物品训练

锻炼宝宝的自理能力和良好的生活习惯。

方法:当妈妈把全家人的衣服洗好放在床上时,一定要请宝宝来帮忙收拾,从日常生活和观察中,宝宝能认识妈妈的衣服,爸爸的袜子,宝宝的衣物等,学叠衣服,分清属于谁的,就放到谁固定的地方。让宝宝认识每个人放东西的地方后,还可让宝宝随时帮大人取东西,学会家中东西要放在固定的地方,不能随便乱放。自己的玩具也要放在固定的地方,这种家中物品分类收放的过程,也是养成生活有条不紊的好习惯的过程。

情绪和社交能力训练

1. 购物助手训练

让宝宝认识各种商品和购物的程序。

方法:带宝宝去超级市场,牵着他让他当助手,取商品时,可让他取,如奶粉,告诉他,这是早点用的。当他对买到的东西感兴趣时,可一一介绍,使他认识许多物品。出门时,让他看计算器如何显示,若会认数字,让他念出来,促进他认数字的兴趣。让他看着付钱和找钱。在自由市场购物时,介绍一二种他不认识的蔬菜,购买一些回家尝。让他听卖菜人介绍,学习怎样讨价还价、怎样用秤来称菜,这些宝宝都感兴趣,回家后会将所见所闻在游戏中重演。

2. 学习等待

锻炼忍耐的性格。2岁多的宝宝,脾气急躁,尤其想要的东西得不到时,就会发火,因此要让宝宝学会等待。

方法:带宝宝去游乐园,玩上滑梯,坐碰碰车或坐飞机等,都要经过排队,买票,才能轮到玩,教孩子耐心等待,才可享受玩的快乐。等待在生活中是免不了的,要经常找机会让孩子学习忍耐。

生活自理能力训练

1. 自己洗脚的训练

培养自理能力。

方法:妈妈口头指导宝宝脱去鞋袜,将脚放入盆中,用肥皂将脚趾缝、脚背、脚后跟都洗干净,用毛巾擦干,穿上干净袜子和拖鞋。鼓励孩子自己将水倒掉。让孩子自己洗脚,学会生活自理。

2. 学会穿有扣子的衣服

练习自己穿脱衣服的能力。

方法:先学穿前面开口有扣子的衣服。让宝宝先套上一只袖子,将另一胳臂略向后伸入另一袖内,将衣服拉正。让宝宝先从衣服下方两边对齐,结上最下方的扣子,逐个往上结。领口的扣子不会结,可请大人帮助结。

表43 智能发育测试(2岁9个月)

分 类	项 目	测评方法	通过标准
大动作	会接距离1米抛过来的球	与宝宝对面而立,相距一米左右,将大皮球直接抛向宝宝的胸前,鼓励他用双手接住	能接住距一米左右直接抛来的球,3试1成即可
精细动作	每分钟穿上10个珠子	用细绳和内径约5毫米的木珠与宝宝比赛穿珠,看其1分钟能穿上几个	1分钟能穿上10个,3试1成即可
认知能力	扣子分类	将一堆扣子倒在纸上,先示范取出4~5个不同的扣子做样板,让宝宝从一大堆扣子里挑出与样板颜色、大小、形状完全相同的扣子。再让宝宝将分好的扣子先按颜色分类,再按大小或形状分类	能按照大人的指令给扣子分类
言 语	反义词配对	出示10对反义词卡片中任一个词,嘱宝宝从卡片中找到反义词	能准确找出6~7对反义词,每对词3试2成即可
	会用相册讲自己小时候的故事	在适当场合,鼓励宝宝向他的小朋友或他喜欢的大人用相册介绍自己过去的事情	能说出3~4句话,讲述自己小时候的故事

续　表

分　类	项　目	测评方法	通过标准
情 绪 与 社 会 行 为	能帮大人做家务,如收衣服	大人收拾晾干的衣服时,请宝宝帮忙,将每个人的衣服分别放在衣柜中一定位置,适当的时候让他取出自己的衣服	乐意帮助大人收拾衣服,能记住自己放衣服的地方

表44　智能发育测试(2岁10月)

分　类	项　目	测评方法	通过标准
大动作	交替双足下楼梯	示范交替双足扶栏下楼梯,鼓励宝宝做	能自己扶栏一步一阶下楼梯,每阶高15厘米以下,3~4阶即可
	单足跳远	示范用单脚跳远,鼓励宝宝做	能单脚跳远12厘米,左脚或右脚一侧通过即可,3试1成
精细动作	会用刀子将馒头切开	示范用钝的餐刀将馒头片(约1厘米厚)一切两半,鼓励宝宝做	能一手按住馒头片另一手持刀将其切成两半,3试1成即可

分 类	项 目	测评方法	通过标准
认知能力	能按吃、穿、用、玩等将物品分类	分别问宝宝铅笔、钥匙、皮鞋、皮球、大衣、枪、香蕉、枕头、门、汽车10种东西(可用图片或实物)是干什么用的	能按"吃的、穿的、用的、玩的"等用途进行分类,10种答对8种即可
	知道包剪锤游戏中谁输谁赢	与宝宝做包剪锤游戏,观察宝宝是否懂输赢	能懂输赢,做5次中4次判断正确
言 语	复述4位数字和自己家的楼号、楼层、门牌的号码	以每秒一个字的速度,读6413和5314,鼓励宝宝复述;告诉家庭所在门牌号码,让宝宝复述	能正确重复读4位数字,能复述家庭门牌号码
情绪与社会行为	做客有礼貌,懂得行为要有分寸	带宝宝去做客时,事先要求宝宝要有礼貌,如进门问人好,送给客人的礼物不能争着打开,客人给食品或玩具玩时,要表示感谢,不乱动客人家的东西等	懂得做客时要有礼貌,行为有分寸,能基本按照大人的要求做

表45 智能发育测试(2岁11月)

分类	项目	测评方法	通过标准
大动作	距离1米处踢球入门	用两只小凳子相距1米作为球门，在距球门1米处示范踢球入门，鼓励宝宝做	能踢球入门,3试1成即可
	双足立定跳远	在地上相距33厘米处各画一条线，示范双足立定起跳从一条线跳过另一条线	能两足立定跳过33厘米的距离,脚不踩着线,3试2成即可
精细动作	粘贴画	在白纸上画一个女孩脸，用黑毛线剪成头发、辫子，用红毛线剪成头绳，让宝宝用胶水涂在纸上，将头发、红头绳贴在女孩的头上	能按要求粘贴好头发、头绳
	画人	嘱宝宝画一幅站着的全身的人像，男女都可；再画一个人头的轮廓，添上头发、眼等，让宝宝添上其他部位	自己能画人的2~3个部位,能在人像上添上2~3个部位
认知能力	知道父母工作单位和地点	问宝宝："爸爸在哪里上班"、"在什么地点"	能正确说出父母的工作单位及地点

分 类	项 目	测评方法	通过标准
认知能力	分清冬夏天的衣服和食物	用两张分别表示冬天和夏天的图片或挂历,作参考图,问宝宝:"冬天要穿什么衣服,吃什么东西?"、"夏天穿什么衣服,吃什么东西?"	能分别说出 2~3 种冬夏季节的衣着和食品
言 语	简要复述去新地方的经历	在宝宝要去一个地方之前,可先作一番介绍,宝宝从新地方回来之后鼓励他简要复述自己的经历	能用 4~5 句话,简要复述自己的新经历
情 绪 与社 会 行 为	作完整自我介绍	鼓励宝宝以一问一答的形式向别人做完整的自我介绍,可问姓名、性别、父母姓名、工作单位、家庭住址(市、区、胡同或小区、楼号、单元、门牌号等)	能正确回答问题

喂 养 指 导

2岁10个月幼儿的喂养特点

2岁6个月后,幼儿乳齿刚刚出齐,咀嚼能力不强,消化功能较弱,而需要的营养量相对高,所以要为他们选择营养丰富而易消化的食物。饭菜的制作要细、碎、软,不宜吃难消化的油炸食物。要有充足的优质蛋白。幼儿旺盛的物质代谢及迅速的生长发育都需要充足的必需氨基酸和较齐全的优质蛋白。幼儿膳食中蛋白质的来源,一半以上应来自动物蛋白及豆类蛋白。食物热量适当,热量来源比例合适。热量是幼儿活动的动力,但供给过多会使孩子发胖,长期不足会影响生长发育。膳食中的热能来源于三类产热营养素,即蛋白质、脂肪和糖类。三者比例有一定要求,幼儿的要求是:蛋白质供热占总热量的 12% ~ 15%,脂肪供热占 25% ~ 30%,糖类供热占 50% 左右。各类营养素要齐全,在一天的膳食中要以谷类食品为主,有供给优质蛋白的肉、蛋类食品,还要有供维生素和矿物质的各种蔬菜。

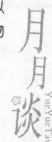

月月谈 *YueYueTan*

幼儿的进食心理

进入幼儿期的孩子，愿意自己做事，不愿按成人意见办事，但喜欢模仿别人动作。心理活动受外界的影响，是被动的。开始有语言和思维，开始形成习惯。在进食方面，喜欢自己吃饭，用自己固定的碗和勺，并坐在固定的座位上。2 岁以下的幼儿对食物的花样变换没有兴趣，喜欢吃已经习惯了的食物，如每天蛋羹、面片、菜粥也不会厌烦，对没吃过的食物持怀疑态度，喜欢菜、饭拌在一起吃，还喜欢吃包子、饺子等带馅食品，特别喜欢自己用手拿着吃。因此，对 3 岁前的幼儿要注意培养良好的饮食习惯，从小给予多种食品，使其接触各种味道、以免挑食，偏食，不能获得全面均衡的营养。

合理摄入脂肪

脂肪在宝宝成长过程中起着十分重要的作用。

1. 满足宝宝对热能的需要

脂肪是热量供给的主要来源，处在生长发育阶段的宝宝，肌体新陈代谢旺盛，需要大量的热量，正是脂肪满足了宝宝对热能的需要。如果宝宝饮食中脂肪供给不足，将导致热量不足，进而影响其身体正常发育。此外，由于得不到充足的热量，宝宝所吃食物必将增多，从而增加胃肠的负担，导致消化功能的紊乱。

2. 脂肪有利于神经系统的发育

磷脂是构成脑细胞、脑神经、血小板的重要成分,也是人体其他组织细胞、神经形成及发育的重要原料;如果宝宝饮食中长期缺乏不饱和脂肪酸,将对脑髓神经的正常发育和智力发展造成很大的影响。

3. 有利于脂溶性维生素的摄入

脂溶性维生素 A、维生素 D、维生素 E 等只有在脂肪中溶解才能被肌体吸收。如果脂肪摄入不足,势必影响其吸收,会使宝宝的呼吸道、生殖器官黏膜、骨骼的发育受到影响。

4. 脂肪对脏器有保护作用

脂肪多分布于皮下、腹腔和肌肉间隙,起着填充间隙、保护内脏及关节的作用。脂肪不足的宝宝,肢体各器官受伤害的机会增多。脂肪中的不饱和脂肪酸是合成磷的必需物质,对皮肤的微血管有保护作用。

含脂肪多的食品主要有食油、奶油、蛋黄、肉(尤其是肥肉)、肝等。

脂肪摄入过多会引起肥胖,摄入过少会使体重过轻。所以,爸爸妈妈要控制好宝宝的摄入量。

营养食谱

早饭　8:00　牛奶 200 毫升　茶鸡蛋 1 个

　　　　　　　小馒头 40 克

　　　10:00　水果 1 个

午饭　11:30　肉卷(面 50 克、肉末 20 克、葱 10 克)

　　　　　　　红白豆腐(猪血 20 克、豆腐 20 克)

　　　　　　　丝瓜蘑菇汤(各 20 克)

3:00　牛奶200毫升　蛋卷2个

晚饭　6:00　米饭一碗(米50克)

炒三丁(豌豆20克、胡萝卜20克、肉末20克、香菇10克)

酸菜粉条汤(酸菜30克、粉条10克、肉片10克)

31～33个月幼儿保健

预防红眼病和针眼

　　红眼病,又叫急性结膜炎。两眼先后发病。由细菌或病毒引起,传染性很强,接触了红眼病眼泪污染过的手、手帕、玩具、门把、毛巾等极易传染。在幼儿聚集的地方也易传染。一旦患红眼病应到医院诊治。每半小时滴眼药水一次,坚持彻底治疗。常用药:0.25%氯霉素,0.1%利福平。睡前用0.5%红霉素眼药膏治疗。病儿一切用具全部煮沸消毒。夏秋季流行的多是病毒引起。严重时结膜充血,甚至出血。耳前淋巴结肿大、压痛,有时影响到角膜,黑眼球发痛,视力模糊,治疗要用抗病毒药,要坚持10～14天才可痊愈。

　　孩子一个眼皮出现红疙瘩俗称针眼。医学上称麦粒肿,或睑缘炎,症状为睑缘红肿,硬节,3～4天后冒尖排脓毒。此时家长千万不可用手挤压,否则会将脓液中的细菌挤入血管,由于眼间血管与大脑相通,细菌进入颅内可引起脑膜炎而危及生命。应及时到医院治疗。切记不可用纱布盖住一侧眼，以免因遮盖出现弱视。

便秘的家庭防治

有的宝宝经常排便困难，严重时半天解不出大便，有时虽解出来却使肛门破裂出血，甚至引发痔疮。

要预防便秘，可以从以下几方面着手：

（1）改善饮食：在饮食中加入适当粗粮，如玉米面、红薯。适当吃一些粗纤维食品，如芹菜、水果。要多饮水，使肠道不致于因过分缺水而蠕动缓慢。同时可以适当增加宝宝的食欲，使排便次数增多。

（2）定时排便：每天定时排便。最好养成早上排便的习惯，因为晚上肠胃把一天的食物已经消化吸收好，早上排便可以将残物尽快排出体外，避免粪便在肠内停留时间过长，否则肠道会遭受毒素的毒害。

便秘的一般处理方法：

（1）宝宝便秘时，应鼓励他不要害怕，把开塞露剪开，润滑后插入肛门，挤入药水，可起润滑作用。上药后鼓励宝宝多憋一会儿，然后去排便。

（2）如没有开塞露，也可将肥皂头切成长条，使表面光滑，湿润后（用水泡一下）放入肛门。肥皂的刺激也可引起排便。

Part 20
宝宝3岁

身体发育状况

体重	男孩 13.13～13.53 千克	女孩 12.55～13.13 千克
身高	男孩 91.7～93.38 厘米	女孩 90.3～91.77 厘米
头围	男孩 48.8～48.95 厘米	女孩 47.7～48.8 厘米
胸围	男孩 50.2～50.54 厘米	女孩 49.1～50.2 厘米
牙齿	20 颗乳牙	

体格发育状况

　　3 岁末，脑的重量为 1000 克，整个幼儿期脑容量只增长 100 克。但脑内的神经纤维迅速发展，在脑的各部分之间形成了复杂联系。神经纤维的髓鞘化继续进行，尤其运动神经锥体束纤维的髓鞘化过程进行更显著。为幼儿动作发展和心理发展提供了生理前提。

　　神经系统的抑制过程明显发展，但兴奋过程仍占优势，因此幼儿仍容易兴奋。

　　幼儿期大脑皮层活动特别重要的特征，就是人类特有的第二信号系统开始发育，为儿童高级神经活动带来了新的特点。儿童借助于语词刺激，可以形成复杂的条件联系，这是儿童心理复杂化的生理基础。

感觉运动的发育

　　3 岁的孩子，自主性很强，能随意控制身体的平衡和跳跃动作。可掌握有目的地用笔、用剪刀、用筷子、杯、折纸、捏面塑等手的精细技巧。学会单脚蹦、拍球、踢球、越障碍、走 S 线等。

语言、适应性行为发育

3 岁的孩子能主动接近别人,并能进行一般语言交流。学会复述经历,学会较复杂用语表达。好奇心强,喜欢提问。生活自理能力增强,会自己穿脱衣服及鞋袜。此阶段,个性表现已很突出,喜爱音乐的爱听录音机的歌曲;对画感兴趣的喜欢各种颜色;对文学感兴趣的,喜听故事,朗读也带表情。语言流畅,能表达自己的意思,会讲故事,背诗词等。会编简单谜语。

心理发育状况

幼儿期儿童的心理发育是在新的生活条件和各种活动中向前发展。

3 岁儿童独立行走后便能自由行动,主动接近别人,和其他儿童一起玩,接触更多事物,对幼儿期儿童的独立性、社会性和认识能力的发展均有积极作用。

3 岁儿童的双手动作复杂化,自己穿脱衣服,自己洗手,洗脸等。双手协调,不论在动作的速度和稳定性上都有明显增进。

3 岁儿童已掌握 300～700 个词,和人交往时已能使用合乎日常语法的简单句,并出现问句形式。

由于动作和语言的发展,智力活动更精确,更有自觉性质,在感知、想像、思维方面都得到发展。幼儿通过游戏活动,开始出现高级情感萌芽,懂得一些简单的行为准则,知道"洗了手才能吃东西","不可以打人,打人妈妈不喜欢"。这些行为准则,可以使其和小朋友们和睦相处,也是为品德发展做准备。

自我意识开始发展。自我意识就是人对自己和自己心理的认识。人由于自我意识的发展,才能进行自我观察,自我分析,自我体验,自我控制以及自我教育等。

自我意识是人的意识的一种表现。人的意识形成是和参与社会生活及言语发展直接联系。幼儿能够自由活动,可广泛参加社会生活,同时又为掌握语言、意识发展创造了条件。自我意识发展,使儿童作为独立活动的主体参加实践活动,自己提出活动目的,并积极地克服一些障碍去取得吸引他的东西,或做他想做的事。这种积极行动和取得的成功,能激起他愉快的情感和自己行动的自信心,从而又促进了儿童独立性的发展。此阶段儿童,喜欢自己做事,自己行动,常说"我自己来"、"我自己吃","我偏不",成人应尊重儿童独立性的愿望和信心,同时要给予帮助。

幼儿自我意识发展,当他开始出现的"自尊心"受到戏弄、嘲笑、不公正待遇或在别的儿童面前受到责骂等时,可引起愤怒、哭吵或反抗行为。自我意识的发展具有复杂的内容,需经历很长的过程,在幼儿期只是开始发展。

睡眠情况

夜间 10 ~ 11 个小时,午睡 1 ~ 1.5 个小时

早期教育与训练

大动作训练

1. 玩球

2岁后宝宝学会接滚过来的球,后又学会接远方扔过来先落地后反弹过的球。由于球先落地,已经得到缓冲再接球时已作好准备,所以较容易。现学习接直接抛球。大人站在小孩对面,将球抛到小孩预备好的双手当中,球的落点最好在小孩肩和膝之内,使孩子接球时可将双手抬高,或有时略为弯腰。开始练习,距离越近越容易接球,反复练习。以后逐渐增加抛球距离,可渐增至1米远。

2. 跳高

练习跳跃动作,将10厘米高的小纸盒放在地上,让孩子跑到近前双足跳过去,反复练习。要注意保护孩子。

3. 学跳格子

在单足站稳的基础上,练习单足跳,也可教小孩从一个地板块跳到相邻的地板块。或在地上画出田字形格子,让孩子玩跳格子游戏。

4. 荡秋千

带小孩到儿童游乐园荡秋千、跳蹦蹦床,扶宝宝从跷跷板的这一边走到那一边,或孩子坐在跷跷板的一头,大人压另一头,训练平衡能力及控制能力。

精细动作能力训练

1. 学画人

宝宝学会画圆圈后,已画过许多圆形物品。有些孩子会画上下两个圆表示不倒翁。这就是画人的开始。让宝宝仔细看妈妈的脸,然后在圆圈内添上各个部位。多数孩子先添眼睛、画两个圆圈表示,再在圆顶上添几笔,表示头发。这时家长再帮助他添上鼻子和嘴,再让宝宝添耳朵。家长可示范画一条线代表胳臂,叫宝宝添另一个胳臂。又示范画一条腿,让宝宝画另一条腿。这种互相添加的方法可逐渐完善孩子画画技巧,使宝宝对人身体各个部位会进一步认识。

2. 学用剪刀

学会使用用具,锻炼手的能力。

方法:选用钝头剪刀,让孩子用拇指插入一侧手柄,食指、中指及无名指插入对侧手柄。小指在外帮助维持剪刀的位置。3岁孩子只要求会拿剪刀,能将纸剪开,或将纸剪成条就不错了,在用剪刀过程中要有大人在旁监护,防止孩子伤及自己或用剪刀伤及别人。

3. 练习捡豆粒

将花生仁、黄豆、大白芸豆混装在一个盘里,让孩子分类别捡出。开始训练时可用手帮助他捡黄豆,熟练后,就让他独立挑选。

语言能力训练

1. 学习复述故事

教孩子看图说话。开始最好由妈妈讲图片给他听，让他听并模仿妈妈讲的话，逐步过渡到提问题让他回答，再让孩子按照问题的顺序练习讲述。

2. 猜谜和编谜的训练

促进幼儿语言和认知。家长先编谜语让孩子猜，如"圆的、吃饭用的"，"打开像朵花，关闭像根棍，下雨用的"，孩子会高兴地猜出是什么。启发孩子自己编，让家长猜。如果编得不对，家长可帮助更正。轮流猜谜和编谜，可促进孩子的语言和认知能力。

3. 训练初步推理

与小孩面对面坐下讲故事或讲动物画片时，不断提问，引导孩子回答"如果……"后面的话，如龟兔赛跑时，小白兔不睡觉会怎样？小兔乖乖如果以为是妈妈回来了，把门打开后又是怎样？通过训练，使他学会初步推理。

4. 学说外语

当宝宝能够自如的用母语与人对话、背诵诗歌时，就可以开始学外语了。双语学习可以开发儿童的潜能，促进大脑言语中枢的发育。言语中枢位于大脑左半球。从小掌握双语的儿童，大脑的两个半球对言语刺激都能产生反应。能够用双语进行"思维"。5 岁前，孩子存在着发展言语能力的生理优势和心理潜能。幼儿学外语，以听说为主，不要求学字母，也不学拼写，只要求能听懂，能说简单的句子、会唱儿歌即可。教唱外语歌是幼儿学外语的好方法。

认知能力训练

1. 学习点数

继续结合实物练习点数,让孩子能手口一致地点数 1～3,训练按数拿取实物,如"给我 1 个苹果","给我 2 块糖","给我 3 块饼干",反复练习,待准确无误后,再练习 4～5 点数等。

2. 学玩包、剪、锤游戏

这是古今中外儿童都喜欢玩的游戏。先帮孩子理解布包锤、锤砸剪、剪破布这种循环制胜的道理。边玩边讨论谁输谁赢。让孩子学会判断输赢。当两个孩子都想玩一种玩具时,就可用包、剪、锤游戏来自己解决问题。

3. 学找地图

找到自己居住的城市和街道。

方法:先让孩子在地球仪或中国地图、本市地图中找到经常在天气预报时听到的地名。重点是多次在不同的地图和地球仪上找到自己住的地方。要学认本市地图找出自己居住的街道。3 岁孩子受过这种教育是可以记住的,也让孩子记住家中电话号码。

情感和社交能力训练

1. 学习礼貌做客

到了周末,全家准备到奶奶家做客,应事先作一指导,使宝宝表现有礼貌。进家门口,先问爷爷奶奶好。当爸爸妈妈给爷爷奶奶送礼物时,不可争着要先打开。当爷爷递来吃的东西时要先拿最小的,并且马上说"谢谢",不要做客时乱翻抽屉和柜子取东西。需要什么用具,要"请"奶奶拿。离开爷爷奶奶时要说"再见"。做客表现好回家后应该及时表扬。

2. 学做家务劳动

教孩子做一些简单的,力所能及的劳动。如择菜、拿报纸、倒果皮等,培养爱劳动、爱清洁习惯。

3. 训练做事有条理

让小孩在睡觉前,将脱下的衣服,裤子叠好,按照顺序摆放在椅子上,起床时按摆放顺序直接穿上。学会怎样按秩序收放自己的东西,培养工作的条理性,不乱扔乱放。

生活自理能力训练

1. 管理能力训练

培养训练管理能力,在日常生活中帮助妈妈把房间收拾整齐,把洗过的衣服分别放入柜中或其他固定的地方。

2. 培养良好卫生习惯

自己养成洗脸、洗手、刷牙等良好卫生习惯。还可学会洗小手绢,自己的袜子等小物品。学会自己擦屁股。

3. 培养自己穿脱衣服

自己系扣子,会自己脱鞋袜。

表46　智能发育测试(3 岁)

分 类	项 目	测评方法	通过标准
大动作	跳高 10 厘米	用高约 10 厘米的纸盒作为障碍物,示范跳过去,鼓励宝宝做	能跳过高 10 厘米的障碍物,3 跳 1 成
精细动作	将纸剪出小口或剪成纸条	用儿童专用钝头剪刀示范将纸剪开一个口子,再剪成纸条,鼓励宝宝做	能剪开一个小口或剪成纸条,3 试 1 成
	折纸成长方形、三角形或狗头	用 2 张正方形的纸(10 厘米 × 10 厘米),示范对折成长方形、三角形,再将三角形的两个锐角向前折作为狗的耳朵(在中间画出狗脸),鼓励宝宝做	能模仿折成长方形、三角形和狗头
	用筷子夹花生米	示范用筷子夹起花生米到盘中,鼓励宝宝做	1 分钟内能用筷子夹起 2～3 粒花生米放入盘中
	拼图 5～6 块	将一张动物贺年片裁成 5～6 块,示范拼出原形,鼓励宝宝拼	能在 2 分钟内正确拼出动物原形(若第一次失败,可再示范一次)

续　表

分　类	项　目	测评方法	通过标准
认知能力	找出图中缺少的部位	在纸上画一些动物或人像或用具,故意少画 1～2 个部位（如兔子少耳朵人少嘴巴、椅子缺腿、汽车少轮子等）	能正确指出图中缺少的主要部位,6 幅图指对 4 幅为通过
	查地图	示范在世界地图中找到中国,在中国地图中找到居住的城市,在本地区图上找到家庭居住地,鼓励宝宝依次找出	能在地图上找出中国、自己居住的城市和家庭居住地
	数字练习	让宝宝口头数数、点数扣子,复述 5 位数（如 64157、24751）,取 5 个扣子,辨认数字(方法同前)	能背数 1～20,点数到 8,取 5 个扣子,认识 6～10 个数字
	认汉字	将宝宝认识的汉字列出	能认识 20～30 个字
	认颜色	让宝宝在红、黄、蓝、黑、白、绿、紫中找出你要他找的颜色来	认识 4～6 种颜色
	认几何图形	让宝宝在画有圆形、三角形、正方形、长方形、梯形、椭圆形、菱形、五角星的图中找出你要求他找的图形	认识 4～6 种几何图形

分　类	项　目	测评方法	通过标准
言　语	会说英语单词	将宝宝会说的英语单词列出	会说10个左右的英语单词（主要是名词、动词和礼貌用语）
	猜谜语	家长可根据物品的特点编谜语10个，让宝宝猜一猜是什么	能猜中7~8个
	背诵儿歌或唐诗	鼓励宝宝将学过的儿歌或唐诗背出来	能背诵8~10首儿歌或唐诗
情感与社会行为	帮成人做些力所能及的家务活	在适当的场合，如妈妈正忙着做家务时，观察宝宝是否主动帮着干一些力所能及的家务活，如摘菜、扫垃圾等	主动并乐意帮助大人干些家务活

喂 养 指 导

3 岁幼儿的喂养特点

儿童与成人每天饮食都应当营养均衡搭配适当,这样才有利于身体对营养的吸收和利用。每顿应以主要供热量的粮食作为主食,也应有蛋白质食物供给,作为幼儿生长发育所需的物质。奶、蛋、肉类、鱼和豆制品等都富有蛋白质。人体需要 20 种氨基酸主要从蛋白质食物中来,各类蛋白质所含氨基酸种类不同,必须相互搭配,摄入氨基酸才全面。如豆腐拌麻酱,氨基酸可以互相补充,其营养相当于动物瘦肉所提供的营养,这种互相补充叫做蛋白质互补。

蔬菜和水果是提供维生素和矿物质微量元素的来源,每顿饭都应有一定数量的蔬菜才能满足身体需要。

有些家庭早饭只是牛奶、鸡蛋,不提供碳水化合物食品。身体为了维持上午所需热量,只好将宝贵的蛋白质当作热能消耗掉,这会影响小儿的生长发育。有些家庭早上只有粥、馒头、咸菜之类,只能提供热量,无蛋白质食品也不符合幼儿生长发育的需要。幼儿食物烹调要照顾其消化功能,即细、软、烂、嫩,要适合幼儿口味,避免用调味品,如味精、花椒、辣椒、蒜等。

偏胖偏瘦宝宝如何喂养

肥胖的小儿要避免过量进食,过度营养。超重肥胖儿要适当控制饮食,在满足机体生长发育需要的前提下,使体重减至正常水平,少吃或不吃高热能的食物,如土豆、地瓜、粉条等含淀粉的食物,可常吃些瘦肉、鱼、豆腐、蔬菜、水果。最好在吃饭前先喝一碗菜汤,有饱胀感后可减少主食的数量。平时有饥饿感时也可吃些蔬菜和汤充饥。

偏瘦常与少食有关,平时零食吃得多,到正常进餐时吃得少,如此周而复始,养成不良的饮食习惯。另外,偏食也是原因之一,使小儿得不到全面的营养,身高、体重均较正常小儿滞后。对偏瘦的小儿应该注意:

(1)家长首先要纠正偏食,以免影响小儿。

(2)从小按时添加辅食,如鸡蛋、饼干、米饭、蔬菜。

(3)进食时注意心理影响,正面教育。

(4)做到食物多样化,品种齐全,保证营养素的平衡,促进小儿的食欲。

(5)每日热能的供给量可稍高于标准供给量,给予高蛋白、高热能又易消化吸收的食物。

营养食谱

早餐　白米粥(粳米50克),馒头(标准粉35克)

花生米拌胡萝卜丁(花生米15克、胡萝卜50克)

月月谈 *YueYueTan*

加餐 牛奶 150 毫升、煮鸡蛋 35 克

午餐 鸡丝面（拉面 25 克、鸡肉 50 克、香菇 15 克、荷兰豆 50 克）

晚餐 玉米粥（玉米粉 25 克）

　　　饺子（标准粉 50 克、瘦猪肉 30 克、胡萝卜 25 克）

　　　木耳豆腐（木耳 10 克、豆腐 50 克）

全天共用植物油 15 克。此食谱提供总能量 1410 千卡（5900 千焦），蛋白质 60 克，脂肪 41 克，糖 199 克。

34 ~ 36 个月宝宝保健

检查视力

　　宝宝到 3 岁时，应进行一次视力检查。我国大约有 3% 的儿童发生弱视。孩子自己和家长不会发觉，在 3 岁时如果能发现，4 岁之前治疗效果最好。5 ~ 6 岁仍能治疗，12 岁以上就不可能治疗。孩子失去立体感和距离感，以后学习和从事许多职业都难以胜任。如司机、飞行员等。学习精密机械、医学等也都困难。

　　视力检查可发现两眼视力是否相等。如果因斜视，或两眼屈光度数差别太大，两只眼的成像不可融合，大脑只好选用一眼成像，久之废用的一侧视力减弱而成弱视。或因先天性一侧白内障、上睑下垂挡住瞳孔，或由于治疗不当，挡住一眼所致。检查时发现异常，可及时治疗。

附表

附表1　预防接种程序参考表

年　龄	免疫制剂	用　法
初生~2月	结核活菌苗(卡介苗)(初种)	
2~3月	脊髓灰质炎减毒活疫苗(初服)	满2个月时口服Ⅰ型糖丸 满3个月时口服Ⅱ+Ⅲ型糖丸
3~5月	百日咳菌苗、白喉类毒素、破伤风类毒素三联混合制剂,共注射3次(初种)	每隔4星期注射一针,共注射3针,可同时口服脊髓灰质炎减毒活疫苗糖丸
8~12月	麻疹减毒活疫苗(初种)	
1~3岁	脊髓灰质炎减毒活疫苗糖丸 (第二、三年各分别口服Ⅰ型、Ⅱ+Ⅲ型); 百日咳菌苗、白喉类毒素、破伤风类毒素三联混合制剂(第一次加强); 乙脑流行地区,满一岁时注射乙脑疫苗,以后每年注射加强针一次	
3~7岁	结核菌苗(第一次复种) 满3岁时百、白、破三联混合制剂(第二次加强)	复种结核菌苗时应先作结核菌素试验,阴性反应者方可复种,阳性反应者不需复种
7~12岁	结核菌苗(7岁、10岁时复种)	脊髓灰质炎活疫苗糖丸(7岁时加强一次),白喉类毒素(7~8岁时加强一次)

月月谈　YueYueTan

附表2 乳儿辅食添加及每日用量参考表

月龄	菜汤或果汁	烂粥	菜泥	蛋黄	烂面	蒸蛋(或煮蛋)	鱼、碎肉	豆腐	饼干、馒头片	水果	烂饭
1个月	1匙 2次/日										
2~3个月	2匙 2次/日										
4个月	2匙 2次/日	1/6 碗 2 次/日		1/4 个 2 次/日							
5个月	2匙半 2次/日	1/6 碗 2次/日	2匙	1/2 个							
6个月	3匙 2次/日	1/4 碗 2次/日	2~4 匙	1/2 个 2 次/日					1/2 片		
7个月	3匙半 2次/日	1/4 碗 2次/日	4匙	1个	1/2 碗				1/4 个 2 次/日		
8个月	3匙半 2次/日	1/2 碗	碎菜末 1碗		1/2 碗 2 次/日	1/2 个	1/2 匙	1/2 块	1片		
9~10个月	4匙 2次/日	1碗	1碗		3/4 碗 2 次/日	1个	1匙	1块	2片	1个	
11~12个月	4匙 2次/日	1碗	1碗		1碗 2次/日	1个	1匙	2块	2片	1个	
1岁~1岁半			1碗			1个	2匙	2块	3片	1个	1/2 碗
1岁半~2岁			2碗			1个	2匙	2块	4片	1个	1碗

注:4 个月前的辅食用于非纯母乳喂养者。

附表 3　婴幼儿喂水量参考表

单位:毫升

年龄	第1周	第2周	1个月	3个月	4个月	6个月	8个月以上
每次喂水量	30	45	60	75	90	105	120

附表 4　月龄与鲜奶量平均数参考表

月　龄	每日奶量(毫升)	喂哺次数(次)	每次奶量(毫升)
第1周	150~250	7	25~30
第2~4周	250~350	6~7	45~50
1个月	400~600	6~7	70~90
3个月	500~600	6	85~100
4个月	600	5~6	100~150
6个月	780	5	130~180
8个月	500~700	4~5	140
12个月	500	4	170

附录 ① 测试孩子的听说能力

对以下问题如果你的回答都是肯定的,那么一切都正常;如果有 1～3 个否定答案,那你的孩子就有点毛病了;如果否定答案超过 3 个,则需要医生的帮助。

听力和理解力

• **出生时**

能听到声音吗?

听到嘈杂声后,感到吃惊或哭喊吗?

会被喧哗声吵醒吗?

• **3 个月时**

会试图转向谈话者吗?

当人们跟他讲话时,会笑吗?

听到声音和讲话声,会停止玩耍而倾听吗?

能辨认母亲的声音吗?

• **6 个月时**

对"不"和他的名字能做出反应吗?

注意并环视寻找新的声音来源吗?

会转向发出声音的地方吗?

• **9 个月~1 岁**

喊他时,会转过身或抬起头吗?

听到新的声音,会去寻找或者环视四周吗?

听人们谈话吗?

会对"到这儿来"之类的要求做出反应吗?

• **1 岁半~2 岁**

会按"捡起球放在桌子上"的要求做吗?

说话能力

- **出生时**

能发出"咕咕"和"咯咯"的声音吗？

- **3 个月时**

会咿呀学语吗？

会因不同的需求发出不同的哭声吗？

总是重复一种声音吗？

- **6 个月时**

会咿呀学语，听上去像父母的谈话，只是不太清楚吗？

常发出许多不同的声音吗？

- **9 个月 ~ 1 岁**

喜欢模仿声音吗？

喜欢嘟嘟叽叽听上去像在交谈吗？

声音能引起他的注意吗？

- **1 岁半 ~ 2 岁**

会重复问题吗？

会提简单的问题吗？（如：他在哪儿？）

能把两个词组合一起使用吗？

请记住：

（1）检验时要自然地与孩子交谈，不使用儿语。

（2）不要让孩子慢慢地讲或重复。

（3）如果常常需要重复或大声讲话才能引起孩子注意，就应测试一

下孩子的听力。

附录 ② 小儿常用中成药

导赤丹

【主要成分】黄连、大黄、连翘、滑石等。

【主要功能】清热利尿，导滞通便。

适用于小儿食滞内热引起的口舌生疮、烦急便秘等。

【用法】1岁以上每次1丸，1岁以内每次半丸，每日2次。

儿童清肺丸

【主要成分】麻黄、桑白皮、黄芩、紫苏叶、青礞石。

【主要功能】清肺止嗽，化痰定喘。

适用于小儿肺经痰热，外感风寒引起的发烧、咳喘、痰多、咽痛、声哑等病症。

若小儿体弱久咳，或咳喘同时伴腹泻应忌服此药。

【用法】1岁以内每次半丸，1岁以上每次2丸，7岁以上每次1丸，每日2～3次。

小儿感冒冲剂

【主要成分】板蓝根、生石膏、连翘、藿香等。

【主要功能】清热解毒。

适用于流行性感冒及上呼吸道感染病儿。

此药最大特点就是无论风寒感冒还是风热感冒均可服用。

【用法】1 岁以下每次 1/4 袋,1 ~ 3 岁每次 1/3 袋,4 ~ 7 岁每次 1/2 袋,8 岁以上每次 1 袋,每日 2 次。

桑菊感冒片

【主要成分】桑叶、菊花、连翘、杏仁等。

【主要功能】清热,散风,止咳。

适用于风热感冒引起的发烧,咳嗽、头痛、咽痛、口渴、流涕等病症。

风寒感冒忌用(风寒感冒时病人发冷、寒战重、伴发烧、全身疼、口不渴、舌苔淡),若患儿同时腹泻忌用。

【用法】3 岁以上每次 2 ~ 4 片,每天 2 ~ 3 次。3 岁以下每次 1 ~ 2 片,每日 2 次。

太和妙灵丹

【主要成分】钩藤、大青叶、法半夏、玄参、羚羊角、琥珀等。

【主要功能】清热解表,祛风化痰。

适用于小儿肺胃痰热、外感风寒引起的发烧、畏寒、头痛、鼻塞、咳嗽、痰多、烦躁及内热惊风、抽搐等症。

此药常用于小儿风寒感冒的治疗。

【用法】1 岁以上每次 1 丸,每天 2 次,1 岁以内每次半丸,每日 2 次。

七珍丹

【主要成分】巴豆霜、胆南星、天麻、半夏等。

【主要功能】清热、化滞、镇惊。

适用于小儿停食停乳、食积胃肠而引起的发烧、呕吐、便秘、抽风等病症。

此药常用于治疗小儿"停食着凉",适合体壮的小儿服用,由于导致腹泻药力较强,故小儿腹泻或平素体弱者应忌服。

【用法】1岁以内每次5粒,1~2岁每次10粒,3岁每次15粒,4~5岁每次20粒,每日2次。

锡类散

【主要成分】牛黄、青黛、硼砂、冰片等。

【主要功能】清热,消炎,止痛。

适用于内热外感引起的咽喉肿痛,口舌生疮,口腔溃疡等病症。

【用法】外用,喷喉、舌等处疮面,一日3~4次。

散结灵

【主要成分】木鳖子、当归、五灵脂。

【主要功能】慢性扁桃腺炎、腮腺炎、淋巴结炎、疖肿等病症。

【用法】每次2~4片,每日2次。

小儿救急散

【主要成分】荆芥穗、牛黄、大黄等。

【主要功能】清热解表,镇惊化痰。

适用于小儿因停食着凉引起高烧不退,咳嗽痰多,烦躁口渴,咽痛、便秘等病症。

临床上主要用于治疗小儿因停食停乳,外感风寒引起的高烧及高热惊厥。

【用法】每次 0.6 克,每日 2 次。

小儿香橘丹

【主要成分】木香、陈皮、茯苓、白术等。

【主要功能】理脾止泻,健胃消食。

适用于小儿饮食过量引起停食停乳、吐泻不止等病症。可治疗小儿消化不良、秋季腹泻等疾患。

【用法】1 岁以内每次半丸,1 岁以上每次 1 丸,每日 2 次。

五粒回春丹

【主要成分】牛黄、蝉蜕、麝香、胆南星、双花、僵蚕、青礞石等。

【主要功能】清热解毒,解表透疹。

适用于麻疹、水痘初期疹出不透或毒热内蕴引起的高烧、咳嗽、烦躁口渴,咽痛腮肿等症病。

【用法】每次每岁 1 粒,不超过 5 粒,日服 2 次。

用药时忌生冷油腻食物,避风寒。

紫雪丹

【主要成分】羚羊角、犀角、寒水石、元明粉等。

【主要功能】清热镇惊、化痰通便。

常用于高热惊厥、脑炎等病症。

【用法】每次 0.5～1 克,日服 2 次。

鹭鸶咯丸

【主要成分】麻黄、苦杏仁、苏子、射干、青黛等。

【主要功能】宣解肺热,止咳化痰。

适用于小儿外感风寒,肺热内闭而引起的发烧、咳喘、咽干声哑、百日咳等。

【用法】每次1丸,每日2次,梨汤送服。

至圣保元丹

【主要成分】胆南星、牛黄、防风、琥珀等。

【主要功能】清热解表,镇惊化痰。

适用于小儿外感风寒,痰热内闭引起的发烧、抽风、咳喘、烦躁等症。

【用法】每次1丸,每日2次。

小儿至宝锭

【主要成分】山楂、六神曲、陈皮、紫苏叶、胆南星、牛黄、朱砂、茯苓等。

【主要功能】疏风镇惊,化痰导滞。

适用于小儿内热积滞、外感风寒引起的停食停乳、发烧、鼻塞、咳嗽痰多、吐泻、易惊、烦躁等病症。

【用法】每次1丸,每日2~3次。

启脾丸

【主要成分】人参、白术、山药、泽泻等。

【主要功能】健脾止泻。

适用于小儿脾虚受寒引起面黄、腹胀、吐泻、少食等病症。

【用法】每次1丸,每日2次。

小儿化食丸

【主要成分】二丑、焦三仙、莪术、三棱等。

【主要功能】清食化积通便。

适用于食滞内热引起的呕吐、腹胀、停食、便秘等病症。

【用法】每次 1 ~ 2 丸,每日 2 次。

防风通圣丸

【主要成分】防风、川芎、连翘、麻黄等。

【主要功能】清热祛温,散风止痒。

适用于荨麻疹、湿疹等病症。

【用法】每次 3 ~ 6 克,每日 2 次。

珠黄散

【主要成分】牛黄、珍珠、大黄、琥珀等。

【主要功能】清热导滞,镇惊安神。

适用于食积内热引起的发烧、便秘、痰多、气粗、烦躁口渴等病症。

【用法】每次 0.6 克,每日 2 次。

小儿百寿丹

【主要成分】桔梗、薄荷、山楂、竺黄、牛黄。

【主要功能】清热散风、消食化滞。

适用于小儿内热积滞又外感风寒引起的发烧头痛、咳嗽痰多、停食停乳、烦躁口渴等病症。

【用法】每次 1 丸,每日 2 次。

月月谈
YueYueTan

为孩子选择服用中成药时应注意以下问题：

首先要辨证施治。例如小儿感冒时怕冷明显,伴发烧、流清涕、舌苔薄白,一般是风寒表征,应选用辛温解表的药,如"妙灵丹"、"儿童清肺丸"等。如小儿发烧重、怕冷、伴浊涕、面红、口渴、舌苔薄黄,一般为风热表征,应选用辛凉解表的药,如"桑菊感冒片"、"银翘解毒丸"等。

其次,一定要在用药前了解清楚药的成分、功能、适应症和禁忌症。看一看与孩子的病情是否符合。

另外,要注意服药的量,中成药的药量不像西药规定的那么严格,但用于小儿也应慎重。用药量太小达不到治疗目的,药量太大又会伤耗小儿元气。一般来说,小儿药量可根据药盒上标明的小儿剂量去服。但很多药上写有:"1 岁以内小儿酌减",这样的药,新生儿可服用规定的 1/3 量(如规定小儿药量为 1 丸,新生儿可服用 1/3 丸),1～6 个月可服用 1/2 量,6～11 个月可服用 1/2～2/3 规定量。

怎样观察婴幼儿的视力发育

出生：出生数天后开始注视灯光。

2 周：用手电筒光自约半米远处逐渐接近婴儿,可发现婴儿双眼向内转动。

3～6 周：能注视较大的物体,双眼很容易追随手电筒光的单方向运动。

2 个月：双眼可追随着成人手，较长时间地注视。

3 个月：双眼可追随运动的笔杆，而且头部亦随之转动。

4 个月：头部抬起，能看自己的手，有时可用手接触玩具。

6 个月：婴儿可坐起，身体能随头及眼转动，对鲜艳的目标或玩具，可注视约半分钟。

9 个月：能注视画面上单一的线条。视力大约 0.1。

1 岁：可按照父母的指头的指示指出鼻、头发或眼睛，大多会抚弄玩具或注视近物。

2~3 岁：视力约 0.5，已达到与成人近似的程度。